KB000995

THE
TOP

더 탑

온대호 지음

다산
라이프

패배의식을 버리고
새로운 패러다임으로 바꿔라

대학 졸업 후 사회생활의 시작으로 나는 망설임 없이 기자에 도전했다. 어릴 적부터 나는 기자를 꿈꾸었다. 온 씨라는 희귀성을 알리기 위해서, 라는 것이 그 이유였다. 그리고 일하는 게 재미있어서 무한의 열정을 쏟아냈다. 소개팅을 하기로 약속을 잡아놓고도 까마득히 잊어버리고 친구에게 욕을 얻어먹은 적도 한두 번이 아니었다. 열심히 일했던 덕분인지 아님 운이 좋았던지 나는 남들보다 짧은 시간에 데스크에 올랐다. 현장 일선에서 뛰어다니는 기자와 달리 데스크는 후배 기자들이 취재해 온 기사들을 실을 것인지 말 것인지 선별하고 기획거리들을 체크해 주거나 기획 방향을 결정하는 자리다. 그러다 보니 때로는 현장감각과는 멀어지기도 한다.

나는 자의 반 타의 반으로 신문사를 나와 서른일곱 살 때 《보보스》라는 럭셔리 잡지와 《CAR》라는 자동차 하이엔드급 라이선스 잡지를 발행했다. "온 선배가 럭셔리 잡지 하잖아."라며 후배 기자들은 마치 자신의 일인 양 뿌듯해하기도 했다. 잡지는 불타나게 팔렸고, 독자들은 크나큰 호응을 보여주었다? 그랬다면 좋았겠지만 현실은 내 예상과는 달랐다. 후배 기자들은 발행인이 된 나를 부러워하기도 했지만 내 속은 그렇지 못했다. 수익모델이 광고 마케팅이었는데 자동차 회사들은 광고를 실으려고 하지 않았다. 알고 보니 자동차를 구매할 능력이 있는 실제 소비자들은 자동차 전문 잡지를 잘 안 본다는 분석이 있었다. 한 달에 1억 원씩 까먹는 피 말리는 순간이 이어졌다. 정말 죽을 것 같았고 죽고 싶다는 생각도 여러 번 했다.

사실 기자라는 직업을 가진 사람들은 갑의 위치에 익숙해져 있는 사람들이다. 아쉬운 소리 한번 제대로 해본 적 없고 특권의식을 나도 모르게 가지게 되는 경우가 많다. "기자 출신치고 사업에 성공한 사람이 거의 없다"란 말이 있을 정도다. 나 또한 다를 게 없었다.

'럭셔리 잡지 발행인.' 그럴싸하고 멋져 보이긴 했다. 그러나 명예만큼 실리는 전혀 챙기지 못했다. 경제적 실리와는 먼 이야기였다.

그 와중에서 내 인생의 돌파구가 되어준 것은 언제나 '자동차'였다. 나는 1992년 캐나다 특파원 시절에 카레이싱 자격증을 땄고 1998년부터 모터스포츠 해설위원으로 활약하고 있었는데, 나를 눈여겨본 업계의 선배가 케이블과 위성방송에 컨텐츠를 공급하는 CAR-TV의 CEO 자리를 제안해 왔다.

이 책은 한 40대의 월급쟁이 CEO가 생각지도 못했던 전혀 새로운 분야인 보험금융업계의 '재무 컨설턴트'에 도전하면서 완전히

‘새로운 나’로 탈바꿈하기 위해 노력한 자기혁신의 흔적을 담은 책이다. 혁신革新의 한자를 살펴보면 가죽 혁革 자에 새로울 신新 자를 쓴다. 자신의 살가죽을 전부 벗겨내고 새살을 돋게 하는 고통을 견뎌내지 못하면 성공적인 결과를 만들어내지 못한다는 뜻이 된다.

하늘을 지배하는 솔개는 수많은 야생조류 중에서도 가장 장수하는 새로 알려져 있다. 최고 70년까지 살 수 있다. 그러나 이렇게 장수하려면 대략 마흔 살이 되었을 때 매우 고통스럽고 중요한 결심을 해야 한다. 발톱은 뭉툭해져 날카롭지 못하고 부리는 길게 자라 구부러져 더 이상 사냥을 할 수 없기 때문이다. 또한 깃털은 두껍게 자라 날개가 무거워져 하늘로 날아오르기가 힘들어진다. 이때 솔개는 그대로 죽을 날을 기다리든가, 아니면 ‘환골탈태換骨奪胎’의 과정을 거쳐 새롭게 태어나든가 과감한 선택을 해야 한다.

새롭게 태어날 것을 다짐한 솔개는 먼저 산 정상으로 자리를 옮겨 또다른 삶을 위해 목숨을 걸고 탈바꿈을 시작한다. 먼저 부리를 바위에 쪼아 부리가 깨져 빠지게 만들고 새로운 부리가 돋아나면 이번에는 그 부리로 발톱을 하나하나 뽑아내고, 그 다음에는 날개의 깃털을 하나하나 뽑아낸다. 뼈를 깎는 아픔과 굶주림의 고통 속에 약 반 년이 지난 후 새 깃털이 돋아난 솔개는 더욱 강해진 모습으로 탈바꿈한다. 그리고 하늘로 힘차게 날아올라 인생의 제2막, 30년의 수명을 더 누리게 된다.

인간의 고정관념은 견고한 성과도 같아 깨부수기란 그만큼 힘이

든다. 금연에 도전하는 사람도 담배를 줄이는 것이 아니라 완전히 끊어버리는 것이 훨씬 효과적이라고 한다. 내가 보험금융업계에 뛰어드는 데 이틀 만에 결정을 끝냈다고 하면 대부분의 사람들은 너무 빠른 게 아니냐고 말하곤 한다. 하지만 내 생각은 다르다. 어차피 나에게 선택은 두 가지밖에 없었다. 안주하면서 불안해하거나 위험을 무릅쓰고 도전하거나. 처절하게 고민하면 미련 없이 선택할 수 있다고 생각했다. 그리고 그보다 더 중요한 건 새로운 도전에서 성공하기 위해 나를 완전히 탈바꿈시키는 자기혁신이라고 생각했다.

나는 늘 입버릇처럼 '나의 라이벌은 김연아'라고 말한다. 이미 10대의 나이로 세계 정상에 선 김연아는 누구보다 탁월한 글로벌 마케터라고 생각한다. 누구나 피겨스케이팅을 배워 김연아가 될 수는 없을 것이다. 그러나 각자 자기 분야에서 김연아 같은 글로벌 마케터가 되는 것은 가능하다.

한 번의 노력으로 오늘의 김연아가 된 것은 아닐 것이다. 만 번의 엉덩방아를 찧어도 만한 번째 다시 일어나 얼음 위에서 턴을 하고 점프를 한 그 행동과 노력이 그녀를 성공체질로 만들고 오늘의 '피겨 여왕'으로 만들었을 것이다. 자신을 그 일의 주인으로 여겨야 하는 것이다.

나는 어떤 일을 하든지 철저하게 내가 그 일의 오너이고 주체라는 생각으로 임했다. 그리고 변화와 도전을 멈추지 않는 한 지금보다 더 큰 성공은 가능하다고 생각한다. 이 글을 읽는 독자들이 성공의 열매를 생각만 하는 것으로 오늘 하루를 살았다면 이제부터는 어떻게 '행동'할 것인지를 고민했으면 좋겠다. 성공을 행한 질주에는 오직 폭풍처럼 휘몰아치는 행동만이 있을 뿐이기 때문이다.

몇 번씩이고 덧붙이고 싶은 글에 대한 열정을 다듬으면서 그동안 나의 또 다른 집념을 묵묵히 뒤에서 사랑과 인내로 후원해 준 아내와 부모님, 가족들에게 눈물겨운 애정과 감사를 표한다. 그리고 여러 상황 속에서도 격려해 주고 도와준 다산라이프와 업계의 선후배 지인들, 지금도 자신들의 꿈과 비전을 위해 숨가쁘게 돌아칠 현장 컨설턴트들에게 온대호와 APEC의 이름으로 가슴 벅찬 고마움을 전하고 싶다. 이 책이 나올 수 있도록 성공의 아이콘 역할을 해준 캐나다에서의 나의 첫 애마와 람보르기니까지 자동차들에게도 그랑프리 챔피언 타이틀을 수여하고 싶다. 앞으로도 나는 이들과 함께 '성공 올림픽'에 출전해 금메달을 따는 영광을 누리고 싶다.

온대호

차례

당신에게
성공의 아이콘은
무엇입니까

한 번만 앉아봐도 될까요?

'이 사람은 어떤 사람일까? 어떤 삶을 살아왔을까? 무엇을 좋아할까?'

나는 누군가를 만나면 늘 그 사람에 대한 호기심이 생긴다. 끊임없이 새로운 사람들과 만나는 것은 재무 컨설턴트*로 일하면서 가장 중요한 일이다.

계약 관계를 떠나 친구처럼 대하다 보면 좋아하는 넥타이 색깔 같은 시시콜콜한 이야기에서부터 자산관리에 이르는 전문적인 이야기까지 많은 대화가 오고간다. 때로는 심금을 터놓고 자신의 현재 고민이나 미래에 대한 걱정을 허심탄회하게 나누기도 한다.

모든 사람들을 친근하게 대하자는 것은 처음 사회생활을 시작하면서 내가 정한 원칙이다. 사람에 따라서는 허물없이 대하는 내 스타일이 부담이 될 수도 있을 것이다. 그러나 그 사람이 누구든 어떤 기질과 성장 배경을 가졌든, '사람을 만나는 일'은 나에겐 첫손에 꼽아도 좋을 만큼 중요한 일이다. 단지 그가 내 고객이 될 가능성이 있

---

* 보통 업계에서는 FC라는 말을 쓰지만, 회사마다 FP, LP, FA, FSR 등 약간씩 다른 말로 부르기도 한다. 하지만 보험금융업계 종사자들을 인터뷰해 의견을 수렴한 결과 이 책에서는 '재무 컨설턴트' 또는 '컨설턴트'라는 말로 총칭해서 쓰기로 했다.

어서가 아니라 그 이상의 커다란 인연이 될 무언가로 연결될지도 모르기 때문이다. 단 한 번의 만남에서도 인생의 지축을 흔들 정도로 큰 사건이 일어날 수 있다.

누구나 그렇듯 나 또한 살아오면서 수많은 사람들을 만났다. 밤잠을 이루지 못할 정도로 내게 고통과 시련을 준 사람도 있었고, 평생 고맙다는 말로는 다 갚지 못할 은혜를 베풀어준 사람도 있었다. 그들로 인해 나는 웃고 울고 성장했기에 내게 아픔을 준 사람이건 기쁨을 준 사람이건, 누구 하나 마음속에서 버리거나 쳐낼 수 없는 사람들이라고 생각한다.

그중에서도 특별한 인연으로 생각하는 사람들이 있다. 내가 여지껏 '성공의 아이콘'으로 여기고 있는 자동차와 관련된 사람들이다. 한 번의 만남으로 끝났던 사람도 있고 지금까지 절친하게 지내는 사람도 있지만, 그들은 모두 나의 인생을 지금 여기까지 이끌어준 고마운 인연이다.

나는 어려서부터 자동차를 좋아했다. 동네에 누가 새 차라도 샀다는 소문을 들으면 먹던 밥숟가락을 던지고 뛰쳐나갈 정도였다. 지금이야 한 집에 자동차 한두 대는 있을 정도로 자동차가 생활필수품으로 자리 잡았지만, 그때는 자가용이 드문 시절이라 차를 소유하고 있다는 것만으로도 대단하게 여겨졌다.

대학을 다니던 1980년대 중반 어느 날이었다. 과외 아르바이트를 하기 위해 압구정동 어느 카페 앞을 지나던 나는 내 눈을 의심했다. 자리에 우뚝 서서 눈을 동그랗게 뜬 채 몇 번이고 다시 봤다.

'내가 지금 뭘 보고 있는 거야? 이게 꿈이야 생시야?'

사진으로만 보며 동경해 마지않던 '그녀'가 1미터도 안 되는 바로 내 눈앞에 있었던 것이다. 눈을 크게 뜨고 가까이 다가갔다. 내가 오든지 말든지 그녀는 도도한 광채를 내며 내겐 눈길도 주지 않은 채 자리를 지키고 있었다.

한 발 한 발 가까이 다가갈수록 미친 듯 심장이 쿵쾅거렸다. 어찌나 벅차고 감동스러웠는지 숨도 제대로 쉴 수 없었다.

'세상에나! 오늘 여기에서 만날 줄이야!'

포르셰 911.

꿈에서도 보일 정도로 좋아하던 차가 아무렇지도 않게 길가에 주차되어 있는데 멀리서 구경만 하고 지나칠 수는 없었다. 바짝 붙어서 옆에서도 보고 앞에서도 보고 뒤에서도 보고 감탄에 감탄을 계속했다.

역시 완벽했다. 완벽할 뿐만 아니라 한 번 보면 잊지 못할 정도로 아름다운 마력까지 지니고 있었다. 나는 시간 가는 줄도 모르고 마치 세상에서 가장 아름다운 공주를 본 사람처럼 넋이 나가 포르셰 앞을 떠날 수가 없었다.

그때였다. 카페 문이 열리더니 한 중년 남자가 내가 있는 곳으로 걸어왔다. 차 앞으로 다가온 그는 나를 힐끗 보았을 뿐 자주 겪는 일이라는 듯 싱긋 웃고는 차문을 열었다. 나는 불쑥 말을 꺼냈다.

"한 번만 앉아봐도 될까요?"

어디서 그런 용기가 나왔는지 모르겠다. 스물한 살, 세상 겁 없는 나이라고는 해도 생면부지의 사람에게, 그것도 스토커처럼 차에 찰싹 달라붙어 있다시피 하다가, 자기소개는커녕 한 마디 인사도 없이 무작정 튀어나온 말이라니!

나도 모르게 뱉은 말에 스스로 놀랄 겨를도 없이 나는 심판을 기다리는 심정으로 그 사람의 얼굴만 뚫어지게 바라보았다. 놀라기는 그도 마찬가지였던 모양이다. 그는 멍하니 한동안 아무 말도 없더니 차문을 열어둔 채 잠시 생각하는 듯했다.

아, 그때 그 순간이란!

엄청나게 크고 무거운 바위가 언제 머리 위로 떨어질지 기다리는 기분이었다. 하지만 밑져야 본전이었다. 생각만 하고 차 좋네, 감탄하고 폼 나게 지나가는 것보다는 별 웃긴 놈 다 보겠다는 말을 들어도 일단 부딪쳐보고 볼 일이었다.

"차를 좋아하나 보죠?"

차 문을 열어둔 채 그가 물었다.

"네. 게다가 실물은 처음이거든요."

"어때요? 맘에 들어요?"

"최고예요."

나는 진심으로 외쳤다. 그는 껄껄 웃더니 엄지손가락을 세우고는 반대쪽 차문을 가리켰다.

"죽은 사람 소원도 들어준다는데 그러죠 뭐. 한번 앉아보기만 하는 것이라면 얼마든지 좋아요."

조금이라도 망설이면 금방이라도 차 문이 닫힐 것 같아 나는 날다시피 좌석에 앉았다. 그가 시동을 켰다.

크릉, 크르르릉, 크르릉.

소리부터 달랐다. 거칠게 위협하는 것 같으면서도 부드럽게 숨을 내쉬는 듯한 소리를 듣고 있노라니 심장이 아까보다 더 크게 뛰었다. 비행기 조정석 같은 계기판을 보는 것만으로도 가슴이 벅찼다.

'언젠가는, 정말로 언젠가는 직접 운전대를 잡아볼 테다.'

나는 속으로 몇 번이고 다짐했다. 그전까지 내가 갖고 있던 성공의 아이콘은 막연히 좋은 집과 좋은 차 정도였다. 하지만 그날 이후 포르셰는 내게 꿈의 아이콘이 되었다.

사람마다 성공의 아이콘은 다를 것이다. 좋아하는 것도 흥미를 느끼는 것도 취미도 각각 다르다. 등산, 춤, 음악, 낚시, 사진, 자전거, 커피, 환경운동, 그 무엇이라도 좋지만 평생 함께할 반려를 찾듯 성공의 아이콘을 찾는 것은 중요한 일이다.

나는 자동차를 취미 이상으로 마음껏 좋아했고 시간이 좀 더 흐른 후에는 그것이 '온대호'라는 브랜드를 구축하는 특별한 아이콘이 되었다. 그 모든 시작은 그날 우연히 만났던 이름도 모를 청년에게 기꺼이 차 문을 열어주었던 그분과의 만남에서 비롯된 일이었다.

2009년 겨울 KBS 2TV 〈열혈 장사꾼〉이라는 드라마에 나의 차

람보르기니와 함께 카메오로 잠깐 출연한 적이 있다. 그때 조연출을 맡고 있던 젊은 PD가 눈을 빛내며 내게 물었다.

"우와, 이거 람보르기니죠? 실물은 처음 봐요. 한 번만 앉아봐도 될까요?"

나는 순간적으로 예전의 그 포르셰 911이 떠올라 흔쾌히 고개를 끄덕였다. 연신 감탄하며 차의 내부를 이것저것 살펴보는 그의 모습에서 20대 초반의 내 모습을 다시 보는 듯해서 나도 모르게 입가에 미소를 지었다.

자동차는 어떤 순간에도 내게 용기와 희망을 주며 꿈을 이룰 수 있도록 힘을 주는 성공의 아이콘이다. 지금까지도 변함없이 좋아하는 자동차와 모터스포츠는 내게는 여전히 멘탈 충전소가 되어주고 있다.

백만 원으로 꿈의 아이콘을 사다

대학교 3학년 때 미국 LA로 어학연수를 갔을 때였다. 한국일보사 일간스포츠 대학생 기자로 활동할 무렵이었는데 여행도 하고 취재도 할 겸 생애 첫 해외여행을 떠난 것이다. 있는 돈 탈탈 털어 티켓을 끊고 끼니마다 햄버거로 때웠지만 마음은 들뜨고 즐겁기만 했다. 한 가지 목표만큼은 반드시 이루겠다고 작정을 하고 떠난 길이었기 때문이다.

'드디어, 내 꿈에 한 발 가까워지는 거야!'

그것은 오랜 숙원이었던 포르셰를 직접 모는 것이었다. 생활비를 최소로 줄이고 아끼고 또 아낀 돈으로 100만 원을 모았다. 그걸로 이틀 동안 포르셰를 렌트했다. 1980년대 후반 당시 돈으로 하루에 렌트 비용이 50만 원이었으니 결코 적은 돈이 아니었다. 한 달 하숙비가 10만 원에서 15만 원 하던 때였다. 반 년치도 훨씬 넘는 하숙비를 단 이틀 만에 써버린 것이다.

다른 사람들이 들으면 미쳤다고 했겠지만 그래도 나는 행복했다. 오픈 스포츠 카, 그것도 포르셰를 모는 특별한 경험은 한국에서는 돈을 주고 사서라도 할 수 없는 일이었다. 비록 진짜 내 차는 아니었어도 LA에서 산타 바바라로 가는 동안만큼은 왕이라도 된 것 같았다. 부러울 것이 없었다. 하루 종일 운전을 했는데도 피곤한 줄도 몰랐다.

역시 옆자리에 한 번 앉아보는 것과 직접 운전대를 잡는 것은 하늘과 땅 차이였다. 아니 우주 끝에서 끝의 차이만큼이나 다른 경험이었다. 브레이크와 액셀을 밟는 느낌부터가 달랐다. 꿈에 그리던 포르셰의 운전대를 잡는 순간 주변의 모든 풍경이 로그아웃되면서 아무 생각도 나지 않았다.

차와 하나가 되어 달렸다. 이 세상에는 오직 나와 차 둘밖에 존재하지 않았다. 그 어떤 경험도 이렇게 황홀하지는 않으리라는 생각이 들 정도였다. 세상 모든 것을 다 얻은 듯했다.

"나는 세상의 왕이다~!"

아무도 없는데도 고래고래 소리를 질렀다. 얼마나 행복했던지 미친놈처럼 계속 웃음이 터졌다. 시간이 지나도 온몸이 터질 것 같은 흥분이 가라앉지 않았다.

그런데 문제는 해가 지면서부터 생겼다. 급하게 렌트해서 떠나느라고 차의 소프트탑 닫는 법을 듣지 못했던 것이다. 위풍당당하게 차를 빌렸으니 센터에서도 당연히 내가 차 뚜껑도 닫지 못할 거라고는 생각지도 않았던 것이 분명했다. 할 수 없이 히터를 틀고 밤새 달렸다.

차 아래는 히터를 틀어놓은 채라 열기로 가득하고 위로는 차가운 밤바람이 거침없이 몰려왔다. 이빨이 덜덜 떨리고 손에서 감각이 점점 사라져갔다. 하지만 고통보다는 기쁨이 더 컸다. 추위 정도의 대가라면 얼마든지 치를 수 있다고 생각했다. 발은 뜨겁고 몸은 한기가 뼛속까지 파고들어 얼어 죽을 것 같았지만 나는 달리는 것을 멈추지 않았다.

하지만 그때까지도 나는 내 꿈의 아이콘이 내 인생을 어떤 방향으로 데려갈지 전혀 알지 못했다. 좀 더 시간이 흐른 뒤 바다 건너 먼 낯선 나라에서 지축을 뒤흔드는 진짜 모터스포츠 카레이스를 만나기 전까지는 말이다.

모터스포츠가 내게 가르쳐준 것

1990년대 초반 한국일보 캐나다 특파원으로 일하던 시절이었다. 동료와 함께 취재거리를 찾아 여기저기 기웃거리며 밴쿠버 거리를 걷고 있었다.

"뭐 기사거리 없나?"

"시내 쪽으로 가볼까? 금요일이니까 일이 생길지도 모르잖아."

"그보다 어디 가서 점심이나 먹자."

우리는 시시한 농담을 주고받으며 거리를 걸었다. 별로 다를 것도 없는 평범한 금요일이었다. 그런데 그날이 바로 내 운명의 날이었을 줄이야!

밴쿠버 시내를 걷고 있는데 멀리서 우우우우웅 하는 소리가 들렸다. 수십만 마리의 짐승이 떼를 지어 달리는 듯 멀리서부터 땅의 진동이 느껴졌다. 공기의 흐름이 일순 변한 것처럼 숨이 탁 막혔다. 처음 포르셰에 앉았던 순간처럼 심장이 쿵쿵쿵 뛰기 시작했다. 뭔가 특별한 일이 내게 생길 것만 같았다.

"저게 무슨 소리지?"

나는 동료 기자에게 물었다.

"소리? 뭔 소리?"

"차 소리. 저 소리 안 들려?"

다급하게 재차 묻는 내 말에 그는 잠시 귀를 기울이더니 별것 아니라는 투로 말했다.

"아아, 저거. 그러고 보니 오늘 무슨 자동차 경주 같은 것이 있다고 했던 것도 같고."

"가자."

"어딜?"

"당연히 취재지."

"별로 기사거리도 안 될 텐데 뭐. 그보다 오늘은 상가 쪽이나 뒤져볼까?"

"그럼 나 혼자 간다."

"뭐? 어라, 진짜 혼자 가게?"

나는 대답을 하는 둥 마는 둥 동료를 남겨두고 소리가 나는 쪽으로 무작정 달려갔다. 생각보다 몸이 먼저 움직였다. 무언가 나를 부르는 듯 지축을 흔드는 소리에 따라 내 심장도 함께 울렸다.

우우우우웅, 하던 소리가 고막이 터질 정도로 커지기 시작했다. 정말이지 온몸에 쫙 전율이 흐르는 것을 막을 수 없었다. 사람들도 엄청나게 많이 모여 있었다. 캐나다에 온 뒤로 이렇게 많은 사람들이 모여 있는 모습을 본 것은 그때가 처음이었다. 인산인해를 이루고 있는 사람들을 헤치고 물어물어 레이스 트랙 안으로 들어간 순간 나는 입이 떡 벌어졌다.

'와! 이런 세상도 있구나!'

우우웅, 고막을 찢는 듯 자동차 소리가 화살처럼 내 몸을 관통했다. 심장의 축을 뒤흔들며 달리는 자동차들을 보는 순간 몸 속 깊은 곳에 잠자고 있던 스피드 본능이 깨어나기 시작했다.

'왜 이런 것이 있다는 것도 모르고 살았을까.'

자신이 어떤 사람인지 알게 된 순간 인간은 죽었다가 다시 태어난다는 말이 있다. 그 순간 의식의 껍질이 한 꺼풀 벗겨지면서 진정한 나로 태어난 기분이었다. 인생의 새로운 축이 만들어지면서 일생일대의 대변혁을 경험하는 순간이었다.

위대한 세계를 본 후 겪는다는 종교적 체험과도 같았다. 굉장하다는 말로는 표현을 다 할 수가 없었다. 바람을 가르며 질주하는 자동차들의 엔진소리, 땅에서 올라오는 뜨거운 열기, 사람들의 힘찬 함성, 현장을 달구는 독특한 분위기는 그때까지의 내 모든 경험을 일시에 바꿀 정도로 강한 충격으로 다가왔다.

자동차를 좋아하긴 했지만 실제 경주를 본 것은 '인디카' 레이스를 본 그때가 처음이었다. 인디카는 북미지역에서 열리는 모터스포츠 경기 중의 하나다. 전용 경기장 안의 트랙을 달리는 레이스와는 달리 모나코 F1 그랑프리처럼 시내를 막아놓고 실제 도로를 이용해 스트리트 서킷을 만들어 레이싱을 한다. 1년에 한 번 가을에 열리는

데 한 도시에서 몇 년씩 할 때도 있고 다른 도시로 옮길 때도 있다. 경기는 총 3일 동안 치러지는데 금요일엔 연습 주행, 토요일엔 예선, 일요일엔 결선을 한다.

인디카는 캐나다에서도 6만5천 명 정도가 수용되는 잠실종합운동장 크기의 임시 스탠드가 가득 찰 정도로 인기종목이다. 미국 인디애나폴리스 서킷처럼 큰 경기에는 한꺼번에 30만 명 가까이 인파가 몰리기도 한다. 우리나라에서는 아직 대중적으로 알려지지 않았지만 세계적인 스포츠 행사 하면 올림픽, 월드컵, 그리고 F1(포뮬러원)을 꼽을 정도로 모터스포츠는 서구에서 온 가족이 함께 즐기는 인기 흥행 스포츠다(북미주에서는 F1 대신 나스카를 꼽기도 한다).

그날 이후 나는 당장 레이싱 스쿨을 다녔다. 캐나다에서 훈련을 받고 자격증도 땄다. 한국에 들어온 후에는 '마루아치'라는 팀을 결성해서 몽산포 해변이나 영종도에서 오프로드 경주를 했다. 인천공항이 생기기 한참 전인 1990년대 초반이었다.

몽산포는 해변에 단단하고 넓은 모래밭이 있어 오프로드 경주를 하기 좋은 곳이다. 선두를 달리다가도 어느 순간 바퀴가 미끄러져 뒤지기도 하고 아차 하는 순간의 사소한 실수로 순식간에 순위가 바뀌기도 해서 재미있는 일이 많이 벌어졌다.

배기량이나 개조 여부에 따라 차의 등급을 나누고 예선을 치렀다. 모든 차가 한꺼번에, 시작부터 같이 달려야 했는데 일직선에서 달릴 만큼 장소가 넓지 않으므로 예선 성적에 따라 앞에서부터 차례대로 두 줄로 서서 출발했다.

지금은 인천국제공항이 자리잡고 있는 영종도에서도 자주 경기를 벌였다. 영종도는 초기 한국 모터스포츠의 뿌리가 있는 곳이다. 차를 배에 싣고 들어가는 어려움을 무릅써야 했지만 경주를 하기에는 최적이었다.

지금도 우리나라에서 모터스포츠 대회를 열 수 있는 최적의 공간이 어디냐고 내게 묻는다면 나는 영종도를 첫손에 꼽을 것이다. 큰 경기가 벌어지면 월드컵이 그렇듯 온 세계에서 사람들이 모여드는데, 국제인천공항이 바로 옆이고 서울과 가까우면서도 도시와 떨어져 있어서 소음 문제도 해결할 수 있기 때문이다.

슬라럼slarom이나 타임 트라이얼Time Trial 경기는 혼자 달렸을 때 시간을 재어 가장 짧은 시간 안에 테이프를 끊은 자가 우승하는 것인데, 특별한 튜닝 없이도 자기 차로 즐길 수 있다. 보통 공원 주차장 정도의 넓이만 있어도 경기가 가능한데다가 장소나 상황에 따라 새롭게 규정을 정할 수가 있어서 폭넓은 재미를 느낄 수 있다.

모터스포츠는 소리가 마약이다. 한 번 들으면 절대로 잊을 수가 없다. 내가 처음 경험했던 인디카 경주를 예로 들면 삼성역에서 경기를 하면 강남역까지 엔진 소리가 들릴 정도이다. 캐나다의 그 넓은 도로를 가득 채우고도 하늘 멀리 뻗어나가 내 심장을 두드렸으니 과히 나에게는 운명의 소리였던 셈이다.

그때 만약 내가 내 심장의 소리를 듣지 않고 동료와 함께 있는 쪽을 택했더라면 자동차는 나에게 '성공의 아이콘'이 되지 못했을 것이고 오늘의 나는 없었을지도 모른다. 나는 언제나 마음의 소리를 충실하게 따르는 쪽을 택했고 그것은 번번이 더 크고 높은 성공으로 다가왔다.

나는 우리나라 모터스포츠 1세대에 속한다. 그때 함께 했던 동지들은 지금 각 레이싱 팀의 감독이나 코치로 일하고 있다. 레이싱은 내게 많은 것을 가르쳐주었다. 늦게 출발해도 언제든 치고 나가서 선두를 할 수 있다는 것, 승부근성을 가지고 끝까지 최선을 다하되 결과는 겸허하게 수용해야 한다는 것도 배웠다. 그리고 그러한 배움은 보험금융업계에서 일을 하는 동안 내게 든든한 토양이 되었다.

자동차 경주는 인생과 닮았다. 결승선을 통과하기 전까지 결과를 예측할 수 없으며, 순위는 언제든 바뀔 수 있다. 누군가는 성공도 없고 실패도 없는 삶을 안전하고 편안한 인생이라고 할지 모르겠지만, 내게 그것은 그저 아무 일도 일어나지 않는 밋밋하고 심심한 인생일 뿐이었다.

차에 시동을 걸고 스피드를 올릴 때면 나는 열정의 한도를 끌어올리는 듯한 기분이 든다. 액셀을 밟고 광포한 소리에 온몸을 맡기면 두둥두둥 나를 일깨우는 북소리와 함께 나아가는 것 같다.

그리고 레이싱은 단지 자동차를 직접 모는 즐거움에서만 끝나지 않았다. 몇 년 후 내게 모터스포츠 전문 해설위원이라는 새로운 길이 열렸던 것이다.

아나운서 없이 혼자 중계하는 해설자

캐나다에서 레이싱 스쿨을 다니면서 자격증을 딴 뒤 나는 신문에 모터스포츠를 소개하는 기사를 누구보다도 더 열심히 써댔다. 나중에는 방송 기자로도 활약했는데, 나는 현장 중계를 하는 것에서 그치지 않고 계속해서 모터스포츠에 대한 열정을 불태웠다. 세계 각국의 거의 모든 경기를 챙겨보는 것은 물론이었고, 외국에 출장을 가면 현지에서 모터스포츠 경기가 열리는지 반드시 확인하고 취재해서 기사를 썼다.

그리고 내가 모터스포츠 전문가라는 것이 서서히 알려지면서 '온대호 = 모터스포츠'라는 공식이 생겨나 새로운 경험을 하게 되었다. 내가 TV 방송에서 본격적으로 모터스포츠 해설위원으로 활동하게 된 것이다. 지금도 한 달에 서너 번은 중계를 하지만, 2000년 무렵 초창기에는 거의 모든 중계를 맡다시피 했다.

모터스포츠를 해설하는 날은 정말 신이 났다. 저절로 멘트가 입에서 흘러나왔다. 어느 날은 PD가 웃으면서 농담처럼 이런 말을 했다.

"온 위원님, 해설위원이 아나운서보다 말을 더 많이 하시면 어떡

해요."

"경기를 보면 나도 모르게 신들린 것처럼 말이 많아지는걸."

"그래도 좀 조절하면서 하세요."

"알았어."

대답은 했지만 해설을 할 때마다 하고 싶은 말의 반도 다 하지 못할 정도로 할 말이 많았던 나는 이런 생각을 했다.

'참 나. 할 말은 많은데 나보고 어쩌란 말이야. 나 혼자 중계하는 날은 안 오나?'

그리고는 집에서 재미 삼아 혼자 중계하는 연습을 했다. 생각만으로 끝나고 말 목표일지라도 마음껏 하고 싶은 말을 하는 시간은 즐거웠다. 그러나 신기하게도 생각은 곧 현실이 되었다.

"온 위원님, 오늘은 혼자 하셔야 되겠는데요."

"응? 아나운서 없이 나 혼자? 왜?"

"그게 사정이 좀 생겨서요. 늘 하던 김수환 아나운서가 메이저리그도 해야 되고 그래서요. 혼자 하실 수 있으시잖아요. 부탁해요."

"뭐? 그래서 지금 나보고 진짜 혼자 하라고?"

"괜찮으시죠? 워낙 잘 하시잖아요. 온 위원님만 믿습니다."

정말로 아나운서 없이 혼자 중계를 해야 하는 날이 온 것이다.

'괜찮아. 집에서 혼자 하는 연습도 많이 했으니까. 잘할 수 있어.'

나는 속으로 나만의 주문을 외웠다. 지금도 나는 무언가 간절히 바라는 것이 있을 때 마음속으로 그 장면을 상상한다. 주문을 걸 듯 반복해서 내가 하고 싶은 일에 성공하는 장면을 머릿속으로 그리고 또 그리는 것이다.

그날 방송은 성공적으로 끝났다. 나는 그야말로 물 만난 고기처럼 그동안 중계를 하면서 하고 싶었던 말들을 실컷 했다. 방송이 끝나자, 믿는다고 말은 했지만 아나운서도 없는데 해설위원 혼자서 어떻게 방송을 하나, 하고 걱정스러운 눈빛으로 모여서 보고 있던 사람들이 뜨겁게 박수를 쳐주었다.

스포츠 중계방송 역사상 아나운서 없이 해설자 혼자 중계를 한 일은 이전에는 없었던 전무후무한 일이었다. 게다가 그 후 1년 동안 혼자서 모터스포츠 중계를 하게 되었다. 해설위원이 캐스터로 발탁된 것도 처음 있는 일이었다. 국내 스포츠 중계 패러다임을 바꾸는 일대 혁신적인 중계 형태였다. 1인2역을 하는 '캐스터 겸 해설위원'의 등장이었다. '스포츠 중계의 새로운 지평을 연 온대호 해설위원'이라는 말이 회자될 정도였다. 그만큼 당시에 해설위원이 스포츠 중계를 단독으로 진행하는 것은 역사에 기록될 만한 일이었다.

이때 또 하나의 애칭이 생겼는데, 바로 '모터스포츠계의 신문선', '모터스포츠계의 차범근'이었다. 국내에 자동차 경주의 해설을 하는 사람은 몇 명 있었지만, 당시에는 실제로 카레이서 자격증을 딴 사람은 나 혼자뿐이어서 더욱 나의 브랜드 가치는 높았던 것이다.

모터스포츠는 항상 신나고 피가 들끓을 정도로 짜릿한 경기만 있는 것은 아니다. 경기가 치열하면 사고가 생겨 선수가 부상을 당하거나 심하면 목숨을 잃기도 한다. 실제로 한 선수가 레이스 도중에 사고로 사망하는 경기를 중계한 적이 있었는데, 지금도 그때를 생각하면 사람 목숨의 소중함과 현재 나 자신의 위치에 대한 겸손을 생각하게 된다.

모터스포츠와 마찬가지로 보험금융업계에서도 누군가는 성공하고 누군가는 실패한다. 일류 선수도 있고 삼류 선수도 있는 것처럼 지점 1위가 있으면 꼴등도 있다. 출발할 때는 맨 뒤였지만 포기하지 않는 승부근성으로 수십 대의 자동차를 차례로 제치고 우승 테이프를 끊는 일이 때때로 생기는 것처럼, 뒤늦게 시작했어도 자신의 한계를 넘어서면 얼마든지 챔피언이 될 수 있다. 인생 역전 승부가 얼마든지 가능한 것이다.

F1에서 16년간 91번의 우승을 하고 은퇴해 대중들에게 강한 인상을 남긴 미하헬 슈마허처럼, 나도 기왕 하는 일 적당히 잘하는 사람에서 그치지 않고 누군가 나를 벤치마킹할 수 있을 정도로 성공한 모델이 되고 싶었다.

대다수의 사람들이 이쪽 업계의 실패 사례를 부정적으로 보면서 재무 컨설턴트나 보험에 대한 가치를 폄하하는 경우가 있는데, 그 잘못된 편견과 고정관념을 깨뜨리고 싶었다.

나는 그 어떤 사람일지라도 자신의 역량을 120퍼센트 끌어내 투혼을 발휘해서 뛰면, 다들 '안 된다'고 하는 남들의 말에 무너지거나 꺾이지 않고 진짜 성공을 이룰 수 있다고 믿는다. 특별한 재능을 타고나지 않았어도, 학벌도 외모도 재산도 갖추지 못했어도 그것을 자신 안의 한계로 받아들이지 않는 한 그것은 결코 성공의 장애물이 되지 못한다.

　정말 중요한 것은 자신 안에서 활활 타오르는 꺼지지 않는 뜨거운 열정과 승부근성이다. 뭐가 잘못됐는지도 미처 정확히 파악하지 못하며 앉은자리에서 한 달에 1억 원씩 까먹는 사업 실패를 거듭하던 나 같은 보통 사람도 무한열정으로 멈추지 않고 달리면 얼마든지 성공이 가능하다는 것을 증명하고 싶었다.

세일즈맨의 최대 관건, 아이스 브레이킹

보험이든 자동차든 화장품이든 세일즈 분야 종사자라면, 누구나 일을 처음 시작할 때 가장 궁금해하는 부분이 있다. 바로 처음 만나는 사람과 대면했을 때 마음의 벽을 어떻게 허물고 자연스럽게 대화로 이어질 수 있느냐는 것이다. 특히 지인의 소개보다 신규개척을 하는 경우는 더욱 고민하게 된다.

나 또한 재무 컨설턴트로 전업하고 나서 가장 고민했던 과제가 바로 처음 만나는 사람과 친밀감을 형성하는 것이었다. 나는 초면인 사람을 만날 때는 명함부터 건넸다. 명함은 작은 것이지만 자신을 알릴 수 있는 가장 중요하면서도 강력한 도구라고 생각했다. 다른 재무 컨설턴트들이 명함에 들이는 돈의 5배 정도를 써서 명함을 만들었다.

당시 내 명함에는 'F1 해설자'라는 내용이 있었는데 그것을 본 사람이라면 누구나 궁금해하며 물었다.

"F1이 뭐예요?"

"포뮬라 원이라고 세계적인 모터스포츠 대회예요. 오래 전부터 자동차 경주 해설위원을 하고 있거든요."

"그럼 차에 대해 잘 아시겠네요?"

"잘은 모르고 조금 알아요."

이렇게 시작된 대화의 물꼬는 자연스럽게 자동차 이야기로 넘어가기 마련이었다. 자동차를 가진 사람이라면 대부분 자신의 차에 대해 이야기할 것이 많았다. 처음 자신의 차를 샀을 때의 두근거림이라든지, 자주 고장이 나는 부분, 앞으로 갖고 싶은 자동차 모델 등 이야기하다 보면 시간 가는 줄 모르고 이야기할 때도 많았다.

내가 자동차를 좋아하다 보니 고객이 신차를 사거나 기존에 갖고 있던 차를 팔려고 할 때 자연스럽게 도움을 줄 수 있었다. 나와 자동차 이야기를 나누면서 자연스럽게 친밀감을 형성한 사람들은 어느 순간 내 고객이 되었다. 아이스 브레이킹^{ice breaking}이 따로 필요 없을 때가 많았다.

허심탄회하게 마음을 열어놓고 자동차 이야기를 했을 뿐인데 그것이 고객의 마음을 여는 열쇠가 된 것이다. 무엇보다 가장 기쁜 일은, 낯선 타인이었던 고객과 내가 자동차라는 매개체를 통해 '우리'라는 공통분모가 될 수 있었다는 점이다.

"많은 FC 들을 만났지만 모터스포츠 해설까지 하는 자동차 마니아 FC는 온대호 FC가 처음인 것 같아요."

"그렇게 별스러운 것도 아닌데요."

● 재무 컨설턴트. ING에서는 FC(파이낸셜 컨설턴트)라는 용어를 쓴다. 현실감을 위해서 직접인용의 대화체에서는 FC라는 말을 그대로 썼다.

"그래도 자동차 이야기를 워낙 재미있게 하시니까 만날 때마다 참 즐거워요."

사람들은 웃는 얼굴로 내게 이렇게 말하곤 했다. 모터스포츠 해설자라는 특이한 이력은 내게 도움이 될 때가 많았다. 실제로 고객들에게 자동차에 대해 도움을 줄 수 있어서였기도 했지만, 사람들이 나를 기억하게 만드는 데 큰 역할을 했기 때문이다. 그들이 만나는 하고많은 재무 컨설턴트들 중에서 나를 기억해 주는 고객이 있다는 것은 내가 일을 할 때마다 대단히 힘이 되는 일이었다. 이 세상에 '온대호'라는 브랜드를 만들어가는 데 자동차는 결정적인 역할을 했던 것이다.

가끔 왜 그렇게 자동차를 좋아하냐고 묻는 사람들이 있다. 나도 딱히 정답을 내놓기는 어려워 그냥 웃고 말 때가 많은데, 사랑에 빠진 누군가에게 왜 그렇게 그 사람을 좋아하냐고 물으면 할 말이 없는 것과 비슷하다.

어떤 사람은 좋아하는 이유를 천 가지도 넘게 댈 수 있을 것이고, 어떤 사람은 아무 이유 없이 그냥 좋아하는 것이라고 말할 수도 있을 것이다. 나 역시 자동차를 좋아하는 이유를 천 가지도 넘게 댈 수 있지만 그래도 역시 이유 없이 그냥 좋다는 쪽이 더 가까운 것 같다.

그러나 한 가지만은 정확하게 대답할 수 있는 것이 있다. 내게 자동차는 바로 애인과 같다는 점이다.

나에겐 성공의 아이콘인 자동차를 통해 수많은 고객과 귀한 인연을 맺었고, 내 인생의 결정적인 터닝 포인트를 돌았으며, 레이싱팀의 스폰서를 맡을 기회를 얻어 인생의 가장 화려한 날을 보낼 수 있었다. 모든 일의 중심에 사람이 있듯 내가 사랑하는 자동차의 중심에도 언제나 사람이 있었다. 어쩌면 그것이 내가 자동차를 사랑할 수밖에 없는 가장 큰 이유인지도 모르겠다.

I am Brand, 온대호 주식회사

　중학생 때부터 나는 기자를 꿈꾸었다. 정치인이셨던 아버지는 우리 형제에게 말과 글에 대한 조금은 특별한 훈련을 시키셨는데, 그것이 자연스럽게 커뮤니케이션 능력으로 길러졌던 것 같다. 그런 커뮤니케이션 능력을 발휘하는 직업으로 자연스럽게 기자를 지망하게 되었던 것도 있지만, 또 하나의 이유는 희귀 성인 '온' 씨를 미디어를 통해 세상에 많이 알려야겠다는 생각 때문이었다. 성이 독특하다 보니 가끔은 웃지 못할 사건이 일어나기도 했는데 학년이 바뀌고 출석을 부르는 시간이 되면 선생님께서 성을 잘못 부르는 일이 자주 일어났다.

　"은대호."

　"온대호인데요?"

　"어라? 온 씨도 있었네?"

　"저희 집엔 많은데요."

　자주 겪는 일이었기에 내가 이런 농담을 하면 선생님도 친구들도 한 번씩 웃으며 내 이름을 확실히 기억했다. 그래도 그런 일을 겪게 되면 어른이 되어 꼭 유명한 사람이 되겠다고 어린 마음에 각오를 다지게 되었다.

중학생 때 전영록 씨가 진행하는 〈알개시대〉라는 프로그램에 학생기자로 지원해서 뽑혔다. 그런데 한 가지 아쉬웠던 것은 서울에 살지 않아서 방송에 자주 못 나간다는 것이었다. 하루는 그것에 대해 아버지에게 어리광을 부리듯 투덜거렸다.

"우리도 서울로 이사 가요."

"이놈 봐라. 갑자기 서울은 왜? 학교 다니기 싫어?"

"아이 참, 그게 아니고요."

"그럼 서울에 누구 보고 싶은 사람이라도 생겼냐?"

"속상해서 그렇죠. 같은 기자라도 서울에 사는 애들은 매주 방송에 나오는데 저는 딱 한 번 나가고 못나가고 있잖아요."

그때까지 내 말에 반은 장난으로 대하시던 아버지가 정색을 하고 엄하게 말씀하셨다.

"네가 지금은 전주에 있지만 언젠가는 큰 세계로 나갈 수 있다. 어린애처럼 그런 일로 일일이 불만을 말하지 마라. 낭중지추囊中之錐라 했다. 실력이 탁월하면 주머니 속의 송곳처럼 반드시 드러나게 되어 있다."

그날 이후 나는 다시는 아버지에게 어리광을 부리지 않았다. 아버지 말이 어려워서 다는 이해하지 못했지만, 언젠가는 누구의 도움도 받지 않고 오로지 내 힘으로 서울이든 세계이든 가서 온대호를 알리리라 마음먹었기 때문이다.

그런데 결정적으로 내 가치관을 뒤흔든 사건이 일어난 것은 내가 기자 생활을 그만두고 마흔 살이 넘어선 뒤였다. 지금도 내가 평생 멘토로 삼고 있는, 세계적인 성공학의 대가 브라이언 트레이시와의 만남이 그것이다. 그때까지 나는 브라이언 트레이시가 누구인지도 몰랐다.

어느 날 비서가 클리핑^{clipping}해 주는 기사 자료 중에서 '브라이언 트레이시 한국 성공학 특강'이라는 주제의 기사가 유난히 눈에 들어왔다. 당시에 내 머릿속을 복잡하게 어지럽혔던 것은 방송 비즈니스에 투자를 더 해야 하는가 하는 갈등과 고민이었다. 그래서 성공학이라는 키워드가 왠지 새롭게 다가왔는데, 그것은 나에겐 운명적인 만남이었다. 강연 장소는 올림픽공원 안에 있는 체육관이었다.

강연 장소에 얼마나 사람이 많이 왔는지 인기 아이돌 가수의 콘서트장을 방불케 하는 분위기였다. 다른 점이 있다면 모여 있는 사람들이 틴에이저나 젊은 층이 아니라 정장을 입은 성인 남녀들이었다는 점이다.

'도대체 브라이언 트레이시가 누구야.'

나는 아무 생각 없이 문 옆에 있는 빈자리를 찾아 앉았다. 조금 듣다 별것 아니라고 생각되면 바로 나갈 생각이었다. 이렇게 많은 사람들이 모일 정도면 대단한 사람일 것이라는 기대감도 있었지만 소문 난 잔치에 먹을 것 없다고 다들 아는 성공철학 같은 그렇고 그런 이야기나 늘어놓는 건 아닌지 의심도 되었다. 조명이 어두워지고 소란스러움이 잦아들더니 드디어 무대 중앙으로 그가 걸어 들어왔다.

"지금 자신이 세일즈를 하고 있다고 생각하시는 분은 손을 들어 보세요."

여기저기에서 손을 번쩍 드는 사람들도 있었고 주저하며 반만 올린 사람들도 있었다. 나는 내가 세일즈를 하며 산다고는 생각지도 않았기에 여전히 팔짱을 낀 채 앉아 있었다. 그가 조용히 사람들을 바라보더니 다시 말했다.

"왜 다들 손을 들지 않습니까? 여러분이 어떻게 생각하고 살아오고 계시든 우리들의 인생은 세일즈 또는 마케팅 그 자체입니다."

'뭐라고?'

강연장의 분위기는 웅성거리다가 순식간에 적막이 흐르면서 그의 말이 메아리처럼 몇 번씩이나 울려 퍼졌다.

'인생은 세일즈다.'

주변의 소리가 순식간에 사라질 정도로 그의 말은 내게 엄청난 충격을 주었다. 나는 뚫어질 듯 그가 서 있는 곳을 바라보았다.

"우리는 태어나는 순간부터 부모에게 자신을 세일즈 마케팅하지요. 응애, 하고 우는 울음은 본능적으로 자신을 알리는 첫 번째 마케팅입니다."

시작부터 끝까지 그가 하는 한 마디 한 마디는 내 정신을 뒤흔들며 전무후무한 지각변동을 불러일으키는 충격이었다. 우리 인생 자체가 세일즈라니 생전 처음 들어보는 소리였다. 지금까지 이런 식으로 말하는 사람은 없었다.

'그래. 그의 말이 맞아. 나도 지금까지 기자든, 잡지 발행인이든, 방송국 사장이든, 내 일을 열심히 한다고 생각했지만 결국 생각해 보면 비즈니스의 전반 내용은 잡지 판매, 광고 마케팅 등 수익을 올리기 위한 세일즈였고, 기자일 때도 주변에 나를 알린 거니까 일종의 세일즈 마케팅을 한 거나 마찬가지잖아. 이제는 대통령도 본격적으로 국익을 위해 세일즈를 하는 시대인걸.'

머릿속으로 천둥 번개가 울리고 두둥두둥 높은 북소리처럼 심장이 끊임없이 고동쳤다. 인생은 갑이거나 을 둘 중 하나라고 생각하며 살아왔는데, 갑이나 을의 문제를 떠나서 '인생은 세일즈'라는 새로운 패러다임이 다가온 것이다.

"어떤 일을 하든지 '나 자신 주식회사'라는 개념으로 하세요. 여러분 자신이 바로 오너입니다. 월급쟁이로 회사 일을 할 때 남의 일을 해주는 것이 아니라 이것이야말로 진짜 내 일이라고 생각하세요. 샐러리맨 과장이라도 내 소유의 비즈니스라고 생각하고 하는 것하고 그냥 의무적으로 하는 것은 하늘과 땅 만큼의 차이가 있습니다. 내가 이 회사의 주인이라고 생각해야 철두철미하게 일을 하게 됩니다. '나 자신 주식회사'라는 컨셉을 가지면 인정받는 차원이 달라집니다. 당신의 직업이 무엇이든 좋습니다. 자신의 주식회사를 경영한다는 마인드로 일을 하세요."

나는 곰곰이 나 자신을 생각해 보았다. 그가 하는 말이 그대로 가슴에 와 꽂혔다.

'지금까지 나는 나 자신 주식회사라는 생각으로 일을 했던가? 주어진 일을 잘해내는 것에서 만족감을 느끼고 주변의 칭찬을 받고 그걸로 그냥 일을 끝냈던 적은 없던가? 나 자신 주식회사……. 그럼 온대호 주식회사?'

온대호 주식회사!

번개라도 맞은 듯 온몸에서 전율이 흘렀다. 누가 주문이라도 걸은 듯 앉은 자리에서 꼼짝을 할 수가 없었다.

'온대호 주식회사! 그래, 바로 이거야!'

새로운 생각의 지평이 열리는 '개심開心'의 순간이었다. 지금까지 내 인생을 곰곰이 돌아보았다. 앞으로 내가 어떤 일을 하든지 스스로 오너가 된 입장에서 나 자신을 세일즈 마케팅하는 개념으로 일을 해야겠다는 확고한 마음이 생겼다. 그날 이후 지금까지도 브라이언 트레이시는 나의 멘토이며 내가 지향하는 사람이 되었다.

그리고 또 얼마 지나지 않아 내 인생에 또 한 번 결정적인 순간이 찾아왔다. 당시에 세계 10대 그룹에 속하던 ING 그룹의 한국 지사 사장과 만나게 된 것이다.

평범한 사람을
성공 체질로 바꾸는 법

자신의 능력만큼 소득을 가져가는 일

세상에 나를 알린다는 것은 단순히 자랑하듯 떠벌리는 것과는 다르다. 과장 없이 있는 그대로 나를 알리고 자신을 알린 만큼 스스로 책임져야 하는 것이다. 한 번 반짝 유행을 타고 마는 물건이 아니라 꾸준히 자신이 만든 제품의 품질을 업그레이드시킬 줄 아는 장인의 정신과도 같은 것이다.

어찌 보면 재무 컨설턴트로서 가장 중요한 일은 수많은 잠재고객에게 나 자신을 명확하게 알리는 일이다. 내가 어떤 사람인지, 어떤 전문성을 갖고 있는지, 어느 정도 신뢰해도 좋은지, 세세한 부분까지 알려야 하는 것이다. 보험과 연금이라는 상품을 팔기 전에 '나'라는 세상에 하나밖에 없는 고유 브랜드를 먼저 세일즈해야 한다.

컨설턴트로 성공한다는 것은 자신을 명품 브랜드로 만들어나가는 과정이다. 스스로 주체가 되어 '나'를 경영하는 일이기도 하다. 그러나 나 또한 막연히 머리로만 알았던 이 말을 실제로 뼈와 살에 스며들게 하기까지는 긴 시간과 경험이 필요했다.

"방송국 사장까지 하셨던 분이 왜 보험 일을 하세요?"

재무 컨설턴트를 시작한 후에 가장 많이 들었던 질문은 바로 이 한마디였다. 처음에 이 말을 들었을 때 나는 차마 겉으로는 말하지 못하고 속으로만 반문했다.

'사장이었던 사람은 FC 하면 안 되나요?'

그러나 대신 하하하, 웃으며 이런 말로 대신했다.

"살다 보면 때론 인생은 알 수 없는 일이 일어나잖아요."

"그렇긴 하지만 너무 신기하고 평범하지 않아서요."

"사장이라고는 해도 저도 월급쟁이였어요. 어찌 보면 특별할 것도 없는걸요."

"참 대단하세요. 쉽지 않은 결심이었을 텐데."

"그렇게 대단한 것도 아니에요. 전 지금도 누구나 할 수 있는 일을 하고 있다고 생각하니까요. 다만 누구보다 제 일을 사랑하고 열정을 다할 뿐이죠."

지금이야 보험의 가치를 누구보다 깊이 알고 있고 직업에 대한 자부심으로 충만하지만, 이 일을 선택하기 전까지는 나도 많은 편견과 고정관념에 사로잡힌 채 인생의 키워드로서 명예와 자존심을 앞세워왔던 사람이었다.

당연히 재무 컨설턴트라는 직업에 대해선 아는 것이 거의 없었다. 보험 하면 자동적으로 '보험 아줌마'가 떠오를 정도였으니 내가 보험업계에서 일한다는 것은 상상도 못했던 일이었다. 그런데 인생의 어느 시점에 스스로 선택해서 자발적으로 재무 컨설턴트가 되고 부지점장을 거쳐 보험업계의 꽃이라고 불리는 지점장이 되었으니 인생이란 참 묘하고 재미있다.

나는 아직도 내 인생을 결정적인 선택으로 이끌었던 ING 코리아 사장과의 만남을 잊지 못한다.

당시 ING 그룹 네덜란드 본사에서는, 모터스포츠의 최고봉이라 부르는 F1에서 팀 타이틀 스폰서로 본격적인 활동을 시작한 상황이었다. 그룹 본사 차원에서 결정되는 글로벌 마케팅 툴로서 F1을 선택해서 각국에 있는 지사들에게 F1 마케팅 자료를 보내줬고, 한국에서도 F1을 가지고 어떻게 하면 인지도를 올리는 데 활용할 수 있을까 연구를 하다가 한국의 모터스포츠 전문가를 찾았던 것이다.

1990년대 초반부터 모터스포츠 전문가이자 해설위원으로 활약했고 당시의 나는 CAR-TV 대표로 일하고 있었으니 자연스레 나와 인연이 닿아 도움을 요청하는 연락이 왔던 것이다.

통칭 'F1'이라고 불리는 모터스포츠 포뮬라 원의 스폰서는 아무 기업이나 할 수 있는 것이 아니다. 수백억 원이 투자되는 엄청난 금액의 돈도 돈이지만 회사의 윤리적 가치도 높아야 한다. 한때 세계적 담배회사인 말보로도 한동안 스폰서를 꾸준히 했지만, 인류 건강이라는 공익에 위배된다고 해서 몇 년 전부터 스폰서 불가 방침이 내려졌다.

게다가 한국에서는 잘 알려지지 않았지만 F1의 마케팅 효과는 월드컵의 경우를 뛰어넘는다. 단일 스포츠에 30만 명이 동시에 직접

관람할 수 있는 스포츠는 모터스포츠밖에 없다. 또 모자, 옷, 신발 등 신체 모든 부위에 광고가 가능할 뿐 아니라 자동차 차체에도 광고하는 것이 가능하다. 이런 엄청난 광고 효과 때문에 모터스포츠가 열리는 기간에는 경기장 구석구석이 세계적인 기업들의 광고 각축장이 된다. 휴렛팩커드, 보다폰 등 IT 관련 회사뿐 아니라 타이어, 엔진오일, 금융, 음료, 운송, 화학, 주류, 담배 등 여러 분야의 기업들을 볼 수 있다.

모터스포츠가 열리는 경주장 트랙의 국제 규격은 4킬로미터가 넘어야 한다. 경주장 주변을 포함한 전체 면적도 잠실에 있는 올림픽 종합경기장의 4~5배 정도는 돼야 국제 모터스포츠 경주장으로 인정을 받을 수 있다. 경기장 규모만 봐도 영향력을 짐작할 수 있을 것이다.

당시 나는 경제적 자유에 대한 고민 때문에 내 인생의 '일'에 관해 한창 생각이 많았던 때였다. '언제까지 이 일을 계속할 수 있을 것인가, CAR-TV에 더 많은 투자를 해야 하는가'에 대한 갈등과 번뇌로 끝없이 고민하고 있을 때였다. 당시 내가 몸담고 있던 CAR-TV는 컨텐츠 공급에 대한 대가와 광고로 매출을 올리는 수익 구조였다. 당시 투자 회수에 대해서는 불확실성이 컸고 나의 고민 또한 클 수밖에 없었다.

그런 상태에서 F1 스폰서인 ING는 나에게 초미의 관심 대상이 되었다. ING 코리아 사장과 만난 자리에서, 나는 이제 한국에서도

F1 그랑프리가 열릴 것이라며 국내 모터스포츠뿐만 아니라 국제 레이스의 현황과 F1의 위치, 마케팅 활용 가치, 기타 부가가치에 대해 신나게 열변을 토하는 컨설팅을 했다. 그리고 그는 나에게 ING를 홍보하기 위해 자사에 대한 소개를 이어갔다.

ING는 글로벌 금융회사로서 역사는 160여 년이 넘고 자산만 해도 우리나라 1년 예산안을 몇 배나 넘고도 남는 그야말로 매머드급 글로벌 기업이었다. 그는 보험금융을 중심으로 성장한 ING 그룹과 ING 코리아라는 회사가 어떤 회사인지 한창 설명을 하다가 갑자기 생각났다는 듯 자료 중에서 국내 FC들의 소득에 관한 자료를 꺼내서 보여주었다.

"이번 달 최고 소득을 올린 FC들의 탑 텐Top 10 리스트예요. 1년 열두 달간의 매월 탑 텐 기록이죠."

"아, 네."

나는 무심코 종이를 건네받았다. 탑 텐 리스트라고 해봤자 어차피 보험 상품을 파는 건데 뭐 별것 있겠나 싶어서 사실 크게 관심도 없었다.

"이들은 모두 오직 자신을 믿고 새로운 성공을 향해 도전하기를 멈추지 않은 사람들이지요."

"새로운 성공을 향한 도전이요?"

천천히 되묻는 내게 그는 신념 가득 찬 또렷한 말투로 대답했다.

"그 말 그대로예요. FC는 소득의 한계도 없고 정년도 없고 누구의 간섭이나 지시도 없이 오직 자신의 능력을 마음껏 펼칠 수 있는 세계거든요."

'FC가 그런 놀라운 세계라고?'

나는 놀라움을 숨기며 조금 전에 받은 탑 텐 리스트를 다시 보았다. 종이에 쓰인 숫자를 하나씩 보던 나는 순간적으로 억 하고 소리를 낼 뻔했다.

오 마이 갓!

내 눈을 도저히 믿을 수가 없었다. 억, 억, 억! 억 행진의 연속이었다. 1년 연봉이 아니라 한 달 수입이 1억이 넘는 사람이 이렇게 많았다니! 물론 그 자리에서는 오~ 예스~ 굿~ 하면서 웃었지만 돌아서 나오는데 마음이 진정되질 않았다. 그 후 보험금융업이라는 새로운 무대에 도전해 성공을 이룬 오늘까지 그날의 놀라움은 잊히지 않는다.

당신은 지금의 삶에 만족하나요?

ING 사장을 만나고 돌아온 날 밤 나는 잠을 이루지 못했다. 그와 나눈 마지막 대화가 머릿속에서 떠나지 않았고 가슴속을 후볐다.

"미스터 온, 당신은 지금 당신의 삶에 만족하나요?"

"삶에 대한 만족이라는 것이 과연 있을까요? 사장님은 어떠신가요?"

당시 ING 코리아 사장이었던 론 반 오이엔은 여유있는 웃음을 지으며 대답했다.

"이 일을 하게 된 것은 분명 내게 큰 행운이라고 생각합니다."

"행복한 분이시군요."

"미스터 온, 그럼 당신은 지금 행복하지 않은 사람인가요?"

그의 질문에 뭐라고 대답했는지 기억조차 잘 나지 않았다. 분명 그때까지의 내 삶에 큰 불만이 있었던 것은 아니다. 그런데 '당신은 지금 당신의 삶에 만족하나요?' 하는 질문은 내 가슴에 총탄처럼 박혀 빠지질 않았다.

'나는 지금까지 어떤 인생을 살아왔던 것일까?'

슬그머니 잠자리에서 일어나 거실로 나갔다. 사위는 아직 어둠에 잠겨 있었다. 보통 때 같으면 단잠에 빠져 있을 시각이었다. 날이 밝으려면 아직 몇 시간 더 지나야 했다. 나는 텅 빈 거실에 홀로 서서 어제의 일과 재무 컨설턴트라는 직업의 가능성에 대해 다시 떠올려 보았다.

새롭게 알게 된 재무 컨설턴트라는 직업은 내가 전혀 몰랐던 새로운 세상이었다. 이런 놀라운 성공과 거대한 도전이 가능한 세계가 있었다니 눈에서 비늘이 떨어진 듯 신선했다. 지금과는 비교할 수 없는 새로운 성공이 가능하다는 사실을 인식하자마자 오랫동안 고치 속에만 있다가 어느 날 갑자기 날개가 돋아 자유롭게 하늘을 나는 나비가 된 듯한 기분이 들었다. 그리고 그 도전과 성공의 대가는 경제적 자유로 이어진다는 것에까지 생각이 미쳤다.

우리네 인생에서 과연 경제적 자유를 마음껏 누리고 사는 사람은 얼마나 될까? 거기에다가 직업의 가치까지 더해진다면 더할 나위 없지 않은가?

하지만 이 분야에 관한 정보에 새롭게 눈을 뜨면서 내가 더 놀랐던 것은 우리를 가로막고 있는 편견과 고정관념이 얼마나 무섭고 견고한 것인지 새삼 느꼈다는 것이다. 주변에 재무 컨설턴트로 성공의 가도를 달리고 있는 사람들은 분명 여럿 있었다.

하지만 보험하는 사람이 다 그렇지, 라는 어이없는 나만의 아집에 사로잡혀 그 직업이 주는 참된 가치나 놀라운 성공에는 별로 관심을 두지 않았던 것이다. 새로운 성공에 대한 도전이 내 눈앞에 있다는 사실에 가슴이 벅차 올랐다. 오랫동안 맛보지 못했던 두근거림이었다.

하지만 분명 건드리기만 해도 쉽게 열리는 문은 아닐 것이었다. 특히나 그 분야가 세일즈 마케팅 중에서 최고봉이라는 보험이니 말이다.

몸은 우두커니 거실 한가운데에 서 있는데 생각은 제멋대로 롤러코스터를 탔다. 누군가 그 분야에서 성공했다면 나라고 못할 게 없다는 자신감과 오기가 생기다가도, 사장까지 한 내가 그 일을 어떻게 하나 싶은 마음도 들었다. 내일 당장 대표이사 자리를 그만두고 재무 컨설턴트라는 새로운 일에 도전하고 싶다가도, 좀 더 시간을 두고 정보를 모아야 하는 건 아닌지 걱정도 되었다. 마흔이 넘은 나이에 새로운 일에 섣불리 뛰어들었다가 죽도 밥도 아닌 경우가 되면 낭패였다.

자, 이제 어떻게 할 것인가?

내 앞에는 두 갈래 길이 있었다. 하던 일을 계속하는 것과 새로운 성공 무대에 도전해 한 번 더 정상에 서는 것. 전자를 선택하면 지금 생활은 유지할 수 있을 것이었다. 후자를 선택하려면 더 큰 용기와 도전이 필요했다. 어떤 선택을 하든지 책임은 나 자신이 져야 하는 것이었다.

그러나 명색이 사장이긴 했지만 나는 늘 불안했다. 언제 이 자리에서 물러나야 할지 내일을 기약할 수 없었다. 게다가 큰 불만 없이 먹고살 수는 있다 해도 진짜 하고 싶은 일을 망설임 없이 할 만큼 여유롭지는 못했다. 그때 내가 꿈꾸는 것 중 하나는 자동차 미니어처 박물관을 만드는 것이었다. 박물관 수준이 아니라 '자동차 미니어처 빌리지'를 만들고 싶다는 생각도 했지만 평생을 벌어도 그것까지 이룰 수 있을 것 같진 않았다.

하지만 불혹이 넘은 나이에 새로운 일을 시작하기엔 두려운 마음이 드는 것도 사실이었다. 그럼에도 불구하고 나는 한 번 더 인생을 새롭게 시작하고 싶었다.

'내가 혹시 미친 것은 아닐까?'

'아내와 부모님께는 뭐라고 하지?'

'주변에서 다들 이상하게 볼 텐데.'

1초도 안 되는 짧은 순간에도 생각은 열두 번도 더 엎어졌다 뒤집어졌다. 재무 컨설턴트는 분명 매력적인 직업이었지만 생각만큼 그 일이 만만치 않다는 것도 알고 있었다. 게다가 지금까지 내가 누려왔던 삶의 지위와 명예를 모두 버리고 바닥에서부터 다시 시작할 수 있을지 자신이 없었다.

내가 언제부터 이렇게 자기 일 하나 제대로 결정하지 못하는 인간이 되었나 싶어 저절로 한숨이 나왔다. 이럴 때 남들은 담배를 한 입 물거나 술을 마시겠지만 나는 술 담배를 할 줄 모른다. 내가 스트레스를 푸는 방법은 오로지 차를 타고 달리면서 음악을 듣는 것이 전부다. 새벽 드라이브나 하면서 머리를 식힐까 싶어 차 열쇠를 둔 곳으로 가는데 문득 현장에서 기자 생활을 할 때의 일이 떠올랐다.

스포츠투데이 기자 시절의 일이다. 그때 내 차는 빨간 포르셰였다. 오픈 스포츠카인 내 차를 본 기자들마다 전부 한 마디씩 했는데 다들 뒤에서만 화젯거리로 삼곤 했다. 그러던 어느 날 아침 우연히 주차장에서 맞닥뜨린 한 선배가 농담을 걸었다.

"이 빨간 차는 이름이 뭐냐?"

"포르셰예요. 마음에 드세요?"

"재미있게 생긴 차네. 네가 연예인이냐? 스포츠카 타는 기자는 처음 본다."

"아이 참, 선배님도. 기자는 뭐 스포츠카 타면 안 되나요?"

그때 차를 빼던 다른 선배 기자가 나를 거들었다.

"냅둬라, 그게 온 기자니까."

그 말을 들은 선배는 "그게 온대호라고?"라며 한바탕 웃기 시작했다. 그 후로 그는 틈만 나면 그래 네가 온대호라 이거지, 라고 농담을 걸었다. 그런 일이 있은 다음부터 나는 예전보다 더 열심히 일했다. 내게 맡겨진 일이라면 어떤 취재든 어떤 어려움이라도 뚫고 반드시 정해진 시간 안에 기대 이상의 결과로 그 일을 해냈다. 심지어 '온대호한테 맡기면 반드시 해온다'라는 말도 들었다.

기사를 쓸 때 '야마를 튼다'는 말이 있다. 다른 시각으로 접근해 기사의 틀을 새로 짠다는 뜻이다. 나는 같은 사건이라도 다른 기자들이 쓰는 것과 비슷한 기사는 절대로 쓰지 않았다.

아무리 멀어도 반드시 현장으로 찾아가 내 두 눈으로 목격했고 주어진 보도자료에 의존하기보다는 한 줄이라도 직접 기사를 쓰는 것을 원칙으로 삼았다. 그것은 누구의 말에도 흔들리지 않고 어떤 일에도 뿌리 뽑히지 않는 '온대호만의 프라이드와 브랜드'였다.

그때의 일이 되살아나자 내가 너무 오랫동안 현장을 떠나 있었구나, 하는 한탄이 밀려왔다. 정말 두려웠던 것은 바닥부터 시작한다는 것이 아니라 지금 현재의 자리에서 내려가야 한다는 것이었다. 그것을 깨닫고 나자 뱃속에서부터 시원한 웃음이 터져나왔다.

'그래, 내가 가진 거 모두를 내놓더라도 새로 시작하자.'

나는 내가 누렸던 모든 지위와 기득권을 버리고 새롭게 현장에서부터 뛰기로 결심했다. 막상 결정을 내리고 나자 무거운 짐을 벗어버린 듯 마음이 홀가분해졌다. 무겁고 긴 겨울 코트를 벗어던지고 산뜻하고 가벼운 봄옷을 입고 거리를 활보하는 듯 몸도 가벼워졌다.

난 처음부터 다시 생각했다. 안이한 마음으로 새로운 일에 도전할 수는 없었다. 나는 누구인지, 내 핏속에 어떤 DNA를 지니고 있는지, 과연 이 일과 내가 잘 맞을지 철저하게 검토해 보기로 한 것이다.

'내가 지금 이 순간 절실하게 원하는 것은 무엇인가?'

'내가 버려야 할 고정관념과 편견은 무엇인가?'

'10년 후 나는 어디에서 어떤 삶을 살고 싶은가?'

거실 소파 위에 책상 다리를 하고 앉아 천천히 깊은 숨을 들이쉬었다. 천천히 뛰던 심장이 꿈틀, 움직였다. 나는 스스로에게 물었다.

"온대호, 너는 지금 네 삶에 만족하냐?"

"온대호, 너는 최선을 다해 살고 있냐?"

"온대호, 너는 이 순간 죽어도 아무 후회 없냐?"

내 스스로 한 대답은 세 가지 다 '노No'였다. 자신을 속이면서까지 나는 지금 충분히 행복하다며 거짓말을 하고 싶지 않았다. 분명히 현재 내 삶에는 무언가 빠진 듯 허전한 것이 있었다. 부족한 2퍼센트를 꼭 채우고 싶었다. 모자란 1도의 온도를 올려 100도로 펄펄 끓는 삶을 살고 싶었다. 내가 한 번도 손에 쥐어보지 못했던, 실리와 명예를 같이 가져가는 성공을 생생하게 느껴보고 싶었다.

또 한 번 심장이 꿈틀, 하고 움직였다. 재무 컨설턴트의 세계는 분명 내가 한 번도 도전한 적 없었던 미지의 세계였다. 하지만 지금 자리를 지키기 위해 전전긍긍 불안해하기보다는 도전해서 또 다른 성공을 이뤄내고 싶다는 열망이 더 컸다. 더 늦기 전에 나는 새롭게 시작하고 싶었고 진심으로 다시 태어나고 싶었다.

내 속마음을 파악하는 48시간의 추적

"좋다. 해보자."

나는 기왕 직업을 바꿀 것이라면 나라는 인간을 더 깊이 들여다보고 싶었다. 도대체 내가 원하는 것은 무엇이고 내 속에는 무엇이 있는지 알고 싶어졌다. 그래야 재무 컨설턴트로 전업을 하든 말든, 어떤 결정을 내려도 후회하지 않을 것 같았다.

나는 깊은 숨을 한 번 더 들이쉰 후 늘 들고 다니던 수첩을 꺼냈다. 오랫동안 내 몸처럼 사용해 온 볼펜을 손에 들었다. 뼈를 가르고 근육을 찢고 내장을 다 드러내는 기분으로 생애 처음 나 자신을 낱낱이 들여다보는 작업을 하기 시작했다. 장점, 단점, 좋아하는 것, 싫어하는 것, 인간관계, 신념, 가족, 자존심, 수치심, 한계……. 나에 대한 모든 것을 해부하고 건드려보자고 생각했다.

심사숙고해서 의식적으로 쓰려고 하기보다는 무의식에 따라 손이 저절로 움직이는 대로 따랐다. 무엇이 나오는지 나는 그냥 살펴보기만 한다는 기분으로. 나의 의식은 평소 내가 살아온 대로 생각한 대로 나를 통제하려 들 것이 틀림없다고 생각했기 때문에 본능에 맡긴 채 어떤 것이 나오든 아무 제약 없이 마음 가는 대로 그저 놓아두었다.

그것은 마음껏 정신을 열고 마음을 해방시키는 경험이었다. 그 순간만큼은 다른 누구도 생각하지 않고 오직 나 자신을 위해 기회를 주기로 작정하자, 일부러 꽁꽁 숨겨두고 가둬두고 버려두었던 것들이 일시에 화산처럼 폭발하기 시작했다.

'게으름'이라는 항목이 나오면 그 옆에 이런 물음이 써졌다.

나는 어떤 부분에서 게으른가? 아침에 일찍 일어난다고 꼭 부지런한가? 중요한 일을 먼저 했던가, 급한 일부터 했던가? 내게 중요한 일은 무엇이고 바쁜 일은 무엇인가?

'맑은 정신 유지' 항목에는 또 이런 글들도 쏟아졌다.

오전과 오후 언제 더 정신이 맑은가? 나는 자신의 생체리듬을 파악하고 있는가? 몸은 정신에 어떤 영향을 미치는가? 나는 왜 점점 살이 찌는데도 다이어트를 미루고만 있는가?

'사람 챙기기' 항목에는 이런 것도 있었다. 나는 하루에 네이트온을 몇 시간이나 하는가? 진심으로 상대의 안부가 궁금해서 열었던 창이었던가? 심심풀이 시간 때우기 용도였던가?

생각지도 못했던 질문들이 꼬리에 꼬리를 물고 쏟아졌다. 내가 이런 생각을 하고 있었나 싶은 질문도 있었다. 하도 어이가 없어서 킬킬거리며 웃다가도 잊고 있었던 어린 시절의 기억이 되살아나 가슴이 찡해지기도 했다.

왜 나는 이 일을 하려 하는가?

철저히 근원에서부터 물었다. 이 일이 아니라 다른 어떤 일을 하더라도 위험부담을 져야 하는 것은 마찬가지였다. 철저하게 생각하고 더 깊이 생각할수록 생각은 단단하게 하나로 모이기 시작했다.

이때의 경험으로 내가 알게 된 것이 있다면 적당히 얇게 생각할수록 생각하기 귀찮아지고 결론도 내리기 어려워진다는 것이다. 자신에 대한 강한 믿음을 갖고 깊이 파고들면 생각은 저절로 내 마음 깊은 곳에서 원하는 소망을 찾아내 나침반처럼 가리켜준다.

팔이 뻐근해지고 어깨가 아파왔다. 폭풍 같은 시간이 지나자 더이상 쓸 것이 없었다. 어느새 거실 커튼 사이로 새어 들어온 아침 햇살을 받아 내가 있는 자리가 환해졌을 때 나는 펜을 내려놓고 수첩을 덮었다.

다음은 행동으로 옮길 차례였다. 책상 다리를 하고 앉아 생각만 풀어놓는다고 해답이 저절로 찾아오는 것은 아니었다. 예전에도 지금도 나는 생각보다 중요한 것은 행동이라고 믿는다.

곧바로 나는 ING 그룹과 재무 컨설턴트에 대한 정보를 모으기 시작했다. 주변에 재무 컨설턴트로 일하는 사람들에게 전화를 해서 메모했던 것을 물어보고 만날 약속을 정했다. 무모하게 뛰어들기 전에 철저하게 취재하기로 한 것이다.

앞으로 보험금융업계의 전망은 어떤지, 국내 브랜드사와 외국 브랜드사의 특징과 장단점은 무엇인지, 재무 컨설턴트로서 직업에 대한 가치는 무엇인지, 본인이 충분히 만족할 만한 소득이 가능한지 내가 알고 싶은 것은 아무리 사소한 것이라도 놓치지 않고 물었다.

이때 알게 된 사실인데 다른 분야의 세일즈와 비교했을 때 무한대의 소득이 가능한 분야가 바로 보험금융업계였다. 자동차 세일즈로 대한민국에서 연 소득 1위인 사람은 3억 원대인데, 보험 세일즈에서는 한 사람이 올릴 수 있는 소득이 무한대에 가까웠다. 작정만 한다면 20억이 아니라 100억대 소득도 가능했다(실제로 미국에서는 재무 컨설팅으로 100억 원대까지 소득을 올리는 이른바 기업형 컨설턴트도 있다). 한 사람의 이름을 걸고 이룰 수 있는 최고의 성공이 보험금융업계에 있다 해도 과언이 아니었다.

흔히 새로운 일을 시작하려는 사람은 자신의 주변에서 그 일을 아는 사람을 찾아 이야기를 듣는 데서 끝내는 경우가 많다. 하지만 나는 다르게 생각했다. 중요한 것은 그 일에 대해 그저 아는 사람을 만나는 것이 아니라 제일 잘하는 사람을 찾아가 배우는 것이고, 반드시 자신의 능력을 120퍼센트 끌어내줄 사람을 만나야 한다고 생각했다. 어떤 일을 하느냐에 못지않게 어디에서 누구와 함께 할 것인가를 결정하는 것도 중요한 일이었다.

당시 ING의 챔피언 지점은 역삼동 스타타워에 있던 중앙 지점이었다. 이틀이 채 지나기 전에 거의 취재를 끝낸 나는 거기에서 멈추지 않고 ING 중앙 지점에 전화를 했다. ING 코리아 사장에게 받은 탑 10 리스트를 통해 그 해 탑^{Top}인 사람의 이름을 이미 알고 있었다. 지점 챔피언인 그분과 한번은 만나고 싶었다.

"저는 온대호라고 합니다. 뵙지 못하고 이렇게 불쑥 전화를 드렸습니다. 잠깐 시간 괜찮으신지요. 중앙 지점에서도 가장 뛰어난 실적을 올리는 분이라고 들었습니다. 지금 하고 계신 일에 대해 몇 가지 여쭙고 싶은 게 있는데 잠깐 5분 정도 통화하실 수 있습니까?"

"물론입니다."

그는 흔쾌히 승낙을 했고 다음날 중앙 지점에서 만날 약속까지 했다. 비록 간단하게 몇 마디 나눈 것에 불과했지만 전화를 끊고 나자 강한 확신이 들었다. 한 번도 만나본 적이 없지만 그는 목소리부터가 남달랐다. 성공한 자 특유의 여유롭고 자신감 넘치는 태도가 목소리에서부터 배어나오고 있었다. 통화를 끝낸 후 나는 망설이지 않고 이력서를 썼다. 생각의 회오리에서 벗어난 지 딱 이틀 만의 일이었다.

인생의 터닝 포인트가 왔다고 직관적으로 느꼈을 때 최대한 생각할 시간은 어느 정도가 충분할까? 어떤 사람은 평생을 두고 고민하고 어떤 사람은 1분도 안 되는 짧은 순간에 결정을 내린다.

나는 단 이틀이면 충분하다고 생각한다. 그러나 그냥 대충 이틀이 아니고 절대절명의 순간에 몰입하는 이틀이어야 한다. 나의 경험에 비춰 이런 이야기를 하면 열 명 중에 아홉 명은 눈을 동그랗게 뜨고 이렇게 묻는다.

"이틀요? 삶 전체가 바뀔지도 모르는데 이틀은 너무 짧은 거 아닌 가요?"

"두 달도 짧은 것 같아요. 2년이라면 모를까."

문제는 고민하는 시간의 길이가 아니라 고민의 깊이 그 자체다. 시간을 충분히 두고 너무 길게 고민하면 오히려 목표가 흐려질 위험이 크다. 1년 365일 생각해도 생각은 제자리를 맴돌기만 할 뿐인 경우도 많다.

작심삼일이라는 말도 있듯이 3일이 지나면 처음 결심이 흐려지고 다시 안일한 자신으로 돌아가기 쉽다. 그래서 지금도 나는 누군가에게 조언을 할 때 고민은 처절하게 하되 딱 이틀만 하라고 이야기하곤 한다.

그러나 그 이틀 동안은 국제적인 범죄를 수사하는 FBI처럼 철저하게 자신을 좇아야 한다. 수사가 길어지면 사건이 미궁에 빠질 확률도 높아지듯 이런저런 상황 증거에 빠져 자기 자신이 정말 원하는 것을 놓칠 정도로 혼란을 느끼지 않아야 한다.

자신을 파헤치더라도 자신이 진정 원하는 목표를 잊지 말고 아주 미세한 증빙 단서를 찾는 수사관처럼 철저하게 자신을 추적해야 한다. 중요한 것은 생각의 밀도이지 시간의 양이 아니다. 그 과정은 생각의 프레임을 바꿔가는 시간이 돼야 한다.

자신을 좇는 것은 단 48시간의 추적, 이틀이면 충분하다.

당신 미쳤어?

이틀 만에 결정을 내리고 재무 컨설턴트로 전업을 했다고 하면 참 쉽게도 결정했구나, 뭔가 믿는 구석이 있으니 그랬겠지, 남들과는 다른 성장 배경이라도 있겠지, 라고 생각하는 사람이 대부분이다. 그러나 나도 역시 고정적인 월급 내지는 뻔한 수입을 만들어가는 보통의 삶에 속했지 별로 특별하고 뾰족한 수가 있었던 인생은 아니었다. 인간관계가 넓고 두터운 것도 아니었고 엄청난 전문지식이 있었던 것은 더더욱 아니었다.

재무 컨설턴트로 인생을 새롭게 시작한다는 것은 쉬운 일은 아니었다. 그 이틀이 그냥 이틀은 아니었던 것이다. 첫날 가장 먼저 부딪친 일은 아내를 설득하는 것이었다.

나는 4형제 중 둘째로 커서 독립심이 강하기도 했지만 부모님의 교육 방침도 '자기 일은 자기가 알아서 하는' 것이었다. 성적이 떨어져도 내가 분해서 공부를 더 열심히 한 적은 있어도 부모님께 공부 안 한다고 혼나본 기억은 없었다.

대학 입학도 전공 선택도 직업도 모두 내가 알아서 정했다. 그러니 전업이라는 일생일대의 큰일을 앞두고 누구와 의논하기보다는 스스로 내 마음에 묻고 결정했던 것이다.

이력서까지 미리 써둔 상태였지만 아내에게만큼은 솔직하게 말하고 조언도 들을 생각이었다. 그런데 나의 이런 생각은 나만의 안일한 희망사항이었다는 것이 대화를 나눈 지 5분도 안 되어 드러나 버렸다.

"직업을 바꾸고 싶다고? 뭘로?"

"FC."

"응? 뭘 하고 싶다고?"

"FC. FC 하겠다고."

"뭐? 당신 미쳤어?"

아내는 평소 말을 거칠게 하는 스타일이 아니다. 오히려 성격이 차분하고 평온한 편인데다가 듣는 사람의 마음을 헤아려 말을 가려서 하는 편이다. 그런데 내 말을 듣자마자 다짜고짜 튀어나온 말이 '당신 미쳤어?'였으니 아내가 받은 충격이 어느 정도였는지 짐작할 수 있을 것이다.

"나 멀쩡해. 아니 오히려 어느 때보다 더 맑은 정신이야."

"그런 사람이 어떻게 나랑 한 마디 의논도 안 하고 맘대로 결정할 수가 있어? 게다가 FC라니? 당신이 지금 하려는 일이 뭔지는 알아?"

"나도 많이 고민했어. 잘할 수 있다는 확신이 있으니까 얘기하는 거야."

나는 이력서까지 썼고 지점장을 만나보기로 마음먹었다는 말까지는 차마 꺼내지 못하고 그냥 괜찮다는 말만 할 뿐이었다. 아내가 이렇게까지 완강하게 반대하리라고는 미처 생각지 못했던 것이다.

"그게 얼마나 힘든 일인지는 알아? 당신의 그 잘나가는 친구들 찾아가서 보험 들어 달라고 말할 수 있어?"

아는 사람을 찾아가서 무언가를 부탁하는 일이 얼마나 어려운 일인지는 나도 충분히 잘 알고 있었다. 하지만 우리나라와 다른 나라의 보험 형태, 전망과 현황을 조사하면서 나는 보험에 대해 예전과는 전혀 다른 생각을 갖게 되었다.

내가 막연히 생각했던 보험에 관한 것들은 고정관념과 편견에 불과했다는 것을 깨달으면서 내가 얼마나 자신만의 아집에 사로잡힌 우물 안 개구리였는지 나의 무식과 무지가 부끄러웠다.

지금은 많이 나아졌지만 우리나라에서 보험은 어떤 분야보다 유난히 편견이 많은 분야다. '전문가에게 자산관리를 맡긴다'는 유럽이나 미국의 보험에 대한 인식보다 '먹고살기 위해 보험을 한다'는 일본의 보험 형태가 우리나라에 그대로 들어왔기 때문이다.

제2차 세계 대전 이후 일본에서는 수많은 전쟁 미망인들을 먹여 살리는 것이 하나의 커다란 사회문제였다. 그들에게 직업을 주고 생계를 보장해 주기 위한 한 방법으로 일본 당국은 보험은 보험사만 할 수 있도록 가두리를 쳐놓았다. 이렇게 시작된 보험은 당장 먹고 살기가 힘드니 가까운 가족이나 친지, 친구들에게 먼저 도움을 요청해 보험을 들게 하는 방법으로 뿌리를 내렸다.

이런 세일즈 방식이 그대로 우리나라에 들어온 결과, '보험을 통해 자산을 관리하고 증식한다'는 개념보다 '오죽 형편이 어려우면 보험을 다 하나' 같은 인식이 강하게 남은 것이다. 지금도 많은 사람들은 '보험' 하면 자산관리를 하는 전문직 고소득의 FC, FA, LP라는 명칭보다 '보험 설계사'나 '보험 아줌마'라는 이미지를 먼저 떠올리는 경우가 많다.

반면 미국이나 유럽에서는 일찍부터 보험을 통해 금융의 흐름을 적극적으로 파악하고 개인의 자산관리를 한다는 측면이 강했다. 오래 전부터 재무 컨설턴트는 고소득 전문직으로서 사회적으로 인정받는 직업이었다. 보험금융을 중심 축으로 하는 ING 그룹이 세계 10대 기업 안에 든다는 사실도 이 분야의 비즈니스가 얼마나 전망 있는 직업인지 알려주는 하나의 단적인 증거였다.

그러나 나 또한 제대로 알아보기 전에는 '보험에 든다' 함은 재무 컨설턴트를 돕는다는 개념이 더 강했다. 그러니 사실을 알려고 하지도 않고 무조건 반대만 한다고 아내를 탓할 일도 아니었다. 나도 철저한 추적과 깊은 탐색이 없었다면 여전히 아내와 같은 생각을 하고 있었을 터였다. 아내의 완강한 거부 반응은 앞으로 내가 만날 잠재고객이 보일 반응과 같을지도 모른다는 생각이 들었다.

나는 크게 심호흡을 한 번 하고 나서 내가 알고 있는 모든 것을 아내에게 이야기해 주었다. 서두르거나 감정적으로 흥분하지 않고 내가 알고 있는 모든 지식을 가능한 한 쉽게 풀어서 차근차근 전달하려고 노력했다.

지금도 나는 고객을 만나서 이야기할 때 전문용어보다는 쉽게 풀어서 말하는 습관이 있는데 이때 아내와 벌였던 치열한 혈전 덕분이라 생각하고 있다. 일방적으로 내 의견만 밀어붙이는 것이 아니라 상대와의 커뮤니케이션이 얼마나 중요한 것인지 몸으로 실제 체험한 결과인 것이다.

내가 앞으로 일하고자 하는 보험금융업계에 대한 정보에서부터 자본 시장의 세계적인 흐름, 은행 PB*와 재무 컨설턴트의 연봉 비교까지 내 이야기를 다 들은 아내는 처음보다는 많이 수그러들었지만 그래도 흔쾌히 좋다는 말은 하지 않았다.

"난 물론 당신을 믿어. 당신이 말한 대로 전망도 밝고 당신이 원하는 만큼 경제적 자유를 누리며 성공할 수도 있다고 생각해. 그런데 우리 생각대로만 살 수 있는 건 아니잖아. 당장 당신 친구들이나 사회적 편견에 맞설 수 있어?"

"당장은 나도 힘들지 모르지만 괜찮아질 거야. 그리고 나만 잘하면 되지 남들이야 뭐라고 하건 그게 그렇게 중요해?"

"중요해. 당신은 정말 자존심이나 명예 다 버릴 수 있어? '나 보험한다'라고 쪽팔리지 않고 당당하게 말할 수 있냐고."

• 프라이빗 뱅커. 고액 자산가를 상대로 은행에서 종합 자산관리를 해주는 사람.

아내의 말에 난 순간적으로 할 말을 잃었다. 하지만 여기에서 마음을 접을 수는 없었다. 어차피 하기로 결정한 일이지 않았던가.

"솔직하게 말하면 힘들지 몰라. 하지만 난 정말 열심히 할 거야. 한 번만 날 믿어봐. 당신이 나 때문에 부끄럽지 않아도 되도록 노력할게. 약속해. 당신 알잖아, 내가 어떤 사람인지."

간절한 내 말에 아내도 더 이상은 반대를 하지 못했다. 대화를 나누느라 밤을 꼬박 지새운 것도 몰랐는지 어느새 아침이 밝아오고 있었다.

제대로 일을 배우려면

약속 시간이 되어 테헤란로의 스타타워에 있던 ING 중앙 지점으로 찾아갔다. 대학을 졸업하고 처음 입사원서를 썼던 때처럼 가슴이 두근거렸다. 가진 것이라고는 아무것도 없었다. 나이도 마흔두 살이었다. 특별한 인맥도 큰 재산도 없었다. 중앙 지점에 아는 사람이 있는 것도 아니었다.

높게 솟은 화려한 스타타워를 바라보자 심장이 더 크게 뛰기 시작했다. 순간 이 테헤란로에는 아니, 이 강남에는 내 이름으로 된 빌딩이 왜 하나도 없을까, 라는 생각이 잠깐 들었다. 막상 여기까지 오긴 했지만 곧장 사무실로 올라갈 수가 없었다. 뭔가 내 인생의 역사에 새로운 장이 될 것이라는 느낌이 들었다. 주차장에서 거울을 보며 자신에게 다짐을 했다.

'온대호, 너는 이제 인생 2막을 시작하려고 한다. 그런데 시작부터 이렇게 기가 죽어서야 되겠냐? 어제의 그 기개는 다 어디로 갔나? 남들이 성공한 일은 너도 할 수 있다. 실패는 생각하지 말자. 지금부터는 된다, 된다, 된다만 생각하자.'

그렇게 다짐하고 나자 가슴 한 구석에서 나도 모르는 용기가 솟았다. 지점장은 내가 쓴 이력서를 쭉 훑어보더니 깜짝 놀라는 얼굴을 했다.

"사장까지 하신 분이 왜 이 일을 하려고 하십니까?"

이후 재무 컨설턴트로 일하면서 가장 많이 들었던 질문이 면접에서부터 나왔다.

"월급쟁이 CEO여서 언제 그만둬야 할지도 모르는 일인데요."

"기자도 하셨군요."

"네."

"이런 일은 당연히 경험이 없으실 텐데 FC에 대해선 어떻게 생각하십니까?"

나는 차분하게 내 생각을 말했다. 비록 이틀 동안의 짧은 공부였지만 보험이나 컨설턴트의 역할이 무엇인가에 대한 핵심만은 오롯이 내 가슴에 새겨져 있었다.

"유럽이나 미국이 아닌 일본을 통해 들어왔기 때문에 아직도 우리나라 사람들에겐 FC에 대한 뿌리 깊은 고정관념과 편견이 남아 있는 것도 사실입니다. 하지만 앞으로 분명 고소득 전문직으로 인정받을 날이 머지않았다고 생각합니다."

"그럼 보험에 대해서는 어떻게 생각하십니까?"

"팔아야 할 하나의 상품으로만 볼 차원은 아니라고 생각합니다. 한 가족에게 일어날 수 있는 모든 리스크를 관리해 주는 일입니다.

가족경제를 책임지고 있는 가장에게 일어날 예기치 못한 일, 건강상의 문제와 사고에 대비하고, 가족 구성원을 위한 미래 비전 또한 필수적으로 제시해 주어야 합니다. 총체적인 재무설계와 자산관리 서비스가 가능한 일이라고 생각합니다."

말은 천천히 했지만 목소리에는 힘이 있었고 발음 또한 정확했다. 그는 내 눈을 똑바로 보면서 내 이야기를 경청하더니 고개를 끄덕였다.

"각오를 단단히 하고 오신 것 같군요."

"네."

"좋습니다. 온 선생님 같은 분이야 백 명 천 명이 와도 언제든 환영입니다."

나는 몰래 속으로 안도의 한숨을 내쉬었다. 근래에 면접관 역할만 많이 해봤지, 누군가의 앞에서 면접을 본 것은 하도 오래 전 일이라 좀 긴장을 했던 것이다. 일단 성공을 향한 첫 번째 관문은 통과한 셈이었다.

다음은 본부장과의 면접이 기다리고 있었다. 그 역시 내 이력서를 보더니 눈이 커지면서 나를 물끄러미 쳐다보았다. 나는 속으로 한숨을 쉬며 그가 어떤 질문을 할지 예상했다. 그도 지점장과 똑같은 질문을 했다.

평범하다고 생각하며 살아왔던 나의 이력이 어떤 상황에서는 또 하나의 고정관념이 될 수도 있다는 것을 그제야 깨달았다. 지금도 나는 과거에 어떤 직업을 가졌던 사람이건 편견이나 고정관념 없이 있는 그대로 사람 자체만을 바라보려고 노력한다. 내가 직접 그 사람을 겪기 전까지는 그 사람이 어떤 사람인지 함부로 판단하지 않는 법을 이때 배운 것이다.

나는 담담하게 ING 사장을 만났던 일부터 보험에 대한 나의 생각에 이르기까지 하나의 질문도 허투루 넘기지 않고 전력을 다해 진심으로 대답했다. 그러자 어느 순간 나를 보는 본부장의 눈빛이 달라지기 시작했다.

"이 일은 자신이 능력껏 일한 만큼 보상이 돌아오는 보람 있는 직업입니다. 정년도 소득의 한계도 없지요. 하지만, 사람들의 고정관념과 부딪쳐야 하는 힘든 일입니다."

"많은 사람들이 이 일에 대해 편견을 갖고 있는 것도 사실입니다. 저 또한 예전엔 그랬습니다. 하지만 전 분명히 그보다 더 가치가 있는 일이라고 생각합니다."

"지금껏 아쉬운 소리 할 만한 경험이 별로 없었던 분인데 수많은 사람들과 만나야 하는 FC가 본인과 잘 맞다고 생각하십니까?"

"제가 올해 마흔두 살입니다. 이제 와서 아무 생각 없이 전업을 할 정도로 철없는 나이는 아닙니다. 오히려 좀 더 빨리 이 세계를 알았더라면 하는 아쉬움이 있습니다. 전력투구로 일할 각오가 되어 있습니다."

"직접 중앙 지점에 전화를 걸어오신 걸로 알고 있습니다. 누구 아는 사람이라도 있습니까?"

"아니요. 아무도 아는 사람이 없습니다."

"그런데 어떻게 중앙 지점에……?"

"지인 중에도 재무 컨설턴트로 일하는 사람들이 있습니다. 그쪽을 통했다면 더 쉬웠을지도 모르지요. 하지만 저는 어떤 분야의 일이든 제대로 배우려면 제일 잘하는 사람들이 많은 곳에서 시작해야한다고 생각합니다. 중앙 지점은 현재 ING에서 첫 손에 꼽히는 챔피언 지점으로 알고 있습니다. 반드시 여기에서 일하고 싶습니다."

"온 선생님의 확신에 찬 말을 들으니 섣불리 이 일을 시작하려고한다는 느낌은 전혀 들지 않는군요. 뚜렷한 목표를 지니고 계신 분같아 오히려 제가 감동을 받았습니다. 함께 열심히 해봅시다."

그는 내게 악수를 청했다. 굳게 잡은 손이 무척이나 따뜻했다. 나는 힘차게 그의 손을 마주 잡았다. 내 인생의 새로운 무대가 마주 잡은 손을 통해서 이제 막 시작되려 하고 있었다.

아는 사람과 함께 하는 일은 심리적으로 든든한 안정감을 준다. 그러나 다른 시각에서 보면 아는 사람이 있기 때문에 기존의 고정관념과 패러다임에서 벗어나는 것이 그만큼 어려워진다. 서로가 서로를 알고 있기에 이미 만들어진 관계 속에서 생각하고 움직일 확률이 높다. 저 사람이 나를 도와주겠지, 하는 의존성이 자신도 모르게 생길 수도 있다.

어차피 이곳에서 나는 초보라고 생각하니 마음이 편해졌다. 생전 처음 해보는 일이니 실수도 하고 모르는 것이 생기는 것도 당연한 일이었다. 나를 아는 사람이 있는 곳이었다면 왠지 모르게 경직된 상태에서 신경만 곤두세웠을지도 모를 일이었다.

아는 사람이 아무도 없는 중앙 지점에서 재무 컨설턴트로 첫발을 뗀 나는 오히려 자유롭게 마음껏 일을 배우고 시작할 수 있었다.

버려야 다시 채울 수 있다

나는 2007년 마흔두 살이 되던 해에 인생의 제2막 1장에 도전했다. 마흔이 넘어서 새로운 일에 도전하기란 쉽지 않았다. 자신이 그때까지 쌓아올린 사회적 이미지와 가치관, 기득권을 통째로 한꺼번에 버리고 바꿔야 했기 때문이다. 한 번도 해보지 않은 일에 뛰어든다는 무모함은 둘째로 치더라도, 위험과 도전보다 평온과 안정을 향해 나아가려는 몸과 정신의 습관이 더 큰 문제였다.

2007년 5월부터 교육은 한 달 동안 이어졌다. 연수가 끝날 즈음 또 한 번 나의 고정관념을 뒤바꿀 사건이 있었다.

내가 고등학교 시절 내내 동경하고 모델로 삼았던 선배가 있었는데, 그는 '서울대 법대 입학'으로 학교 정문에 대문짝만 한 플래카드가 걸릴 정도로 공부 잘하는 유명한 선배였다. 대학교 졸업 후 변호사 개업을 했다는 소식이 들려왔던 그를 교육 마지막 코스인 통합연수원 프로그램에서 우연히 만났다. 내가 놀라는 것은 당연했다.

"어, 선배님 아니세요?"

"어라? 대호?"

"이게 얼마만이에요. 아니, 그런데 여긴 어쩐 일이세요?"

"그러는 너는 웬일이냐?"

"FC로 전업했어요. 선배님도 혹시?"

"난 강남 본부다. 넌 어디냐?"

"서울 본부요."

우리는 한동안 아무 말 없이 자판기 커피만 마셨다. 변호사로 성공적인 삶을 산다고 생각했던 그가 나와 같은 ING 입사 동기가 되어 한 자리에 있다니. 나처럼 그도 아무 생각 없이 뛰어든 것은 아닐 것이었다. 명석한 재원으로 소문났던 그였으니 분명히 전망에 대한 확신이 있었기에 선택한 것이 틀림없었다.

'변호사보다 재무 컨설턴트인가.'

선배와 헤어지고 난 후 그날 남은 교육을 받기 위해 다시 자리로 돌아오면서 나는 속으로 중얼거렸다. 변호사였던 그가 재무 컨설턴트를 선택하기까지 얼마나 많은 것을 버리고 변화시켰을지 생각해 보았다. 다른 사람들이 보기엔 나도 특이한 경우라고 말들을 했지만, 사실 나는 그 선배의 선택에서 신선한 패러다임의 전환을 느꼈다. 변호사나 의사가 절대 직업의 자리를 차지하던 시대는 지났다는 생각이 들었다. 그 선배가 재무 컨설턴트로 전격 직업을 전환하게 된 경로도 참 인연스러웠다.

당시 변호사였던 선배는 알고 지내던 재무 컨설턴트의 요청으로 법률적인 지원을 해주면서 재무 컨설턴트가 얼마나 효율적으로 경제적 소득을 가져가는지 알게 되었다고 한다. 자신도 한 달에 1천만 원 내외의 소득을 올렸지만 심리적으로 육체적으로 너무나 힘든 상태였다. 특히나 법률적으로 적대적 관계에서 일을 해야 했기 때문에 일의 가치와는 괴리감도 많이 느꼈던 것이다. 그러다가 재무 컨설턴트가 경제적으로나 직업적으로 모두 명분과 실리가 있다는 것을 알게 된 이후에는 직업 전환에 관해 눈을 뜰 수밖에 없었다는 것이다.

어떤 사람들은 여전히 변호사나 의사를 직업으로서 선호하지만, 시대의 흐름은 한 발 더 빠르다는 것을 느낀 순간이었다. 그 후로도 의사, 회계사, 은행 PB팀장, 세무사, 법무사에 이르기까지 줄줄이 재무 컨설턴트로 전업한 사례를 많이 보았으니 말이다.

한 달 동안의 교육이 끝나자 6월부터 본격적으로 재무 컨설턴트로서의 삶이 시작됐다. 작은 책상 하나가 내 공간의 전부였지만 나는 만족스러웠다. 내가 CEO로 있을 때는 소위 '사장님 방'이라는 인테리어가 있었다. 방 사이즈만 20평 가까이 되었고, 책상, 회의용 테이블, 가죽 소파, 장식장, 책장, LCD TV 등이 구비되어 있었다. 하지만 재무 컨설턴트는 투자 자본이 필요한 것도 아니었고 기기 설비를 따로 할 필요도 없었다. 말 그대로 작은 책상 하나와 내 안의 뜨거운 정열이면 족한 일이었다.

나 자신에 대해, 하고 싶은 일에 대해 밑바닥까지 내려가 철저히 고민했던 시간이 이틀이었다면, 교육 한 달과 컨설턴트로서의 첫 달을 합친 두 달은 지금까지의 나를 완벽하게 버리고 바꾸는 시간이었다. 그야말로 옛날 온대호라는 헌 프로그램을 지우고 새로운 온대호 버전을 다운로드 받아서 까는 데 두 달이 걸렸던 것이다.

나는 겉모습은 물론 내면 속 마음 상태에 이르기까지 예전의 나를 철저하게 버리려고 노력했다. 그것은 생존에 관련된 일이었다. 적당히 하다가 말 일이 아니라고 처음부터 각오한 일이었기 때문에 그만큼 절실하게 '예전의 나'를 버리려고 노력했다.

내가 처음부터 이런 생각을 한 것은 아니었다. 그냥 일을 열심히 하면 새로운 나로 조금씩 변화되겠거니 막연하게 여기고 있었다. 그런데 첫 출근을 앞둔 어느 주말 나는 그간의 상황과 나의 의지를 말씀드리려고 부모님을 찾아뵈었다. 어머니는 냉장고 청소를 하면서 나를 맞아주셨다.

"갑자기 냉장고 청소는 왜 하세요?"

"아들이 온다길래 뭔가 맛있는 것 좀 할까 해서."

"있는 거 그냥 먹으면 되죠, 뭐."

"그래도 그게 아니지, 든든하게 먹고 다녀야지. 다 먹고 살자고 하는 일인데."

늘 내 생활을 궁금해하시는 어머니의 전화 일성은 "밥 먹었냐?"로 시작되곤 하는데, 그날은 괜히 마음이 짠해져서 어머님 옆으로 다가갔다.

"뭐 도와줄 건 없어요?"

"나중에 쓰레기나 버려줘라. 뭐 먹고 싶은 거 없니? 장을 새로 볼까? 그새 뭐가 이렇게 많아졌냐? 일단 이런 거 다 버려야 뭘 새로 사와도 채울 수 있겠네."

원래 어머니는 막 버리는 성격은 아니셨다. 아깝고 아까워서라도 두고 또 두는 편이었다. 평소에는 "웬만하면 좀 버리시라"고 하는 아들 잔소리를 싫어하시는 분이었다. 그런데 그날은 웬일인지 냉장고 대청소를 하는 부산을 떠셨다. 어머니가 달라지신 게 분명했다.

어머니가 건네주는 쓰레기봉투를 받다 말고 나는 눈앞이 환해지는 기분이 들었다. 활짝 열린 냉장고에서 쏟아지는 빛보다 더 밝은 빛이 내 머릿속을 번개처럼 순식간에 밝혔다.

"그래! 맞아! 먼저 버려야지!"

어머니는 내가 쓰레기 버리러 가다 말고 무슨 소리인가 싶은 얼굴로 멀뚱히 나를 바라보았다.

"하하하하. 이제야 알겠네. 버려야 하는 거였어."

나는 쓰레기봉투를 한 손에 든 채 냉장고 옆에서 마구 웃었다.

"참 나, 쓰레기 버리는 게 그렇게 신나는 일이냐? 그럼 이것도 마저 버려라."

어머니는 영문을 모르겠다는 얼굴로 신문지 묶음 등 재활용품도 함께 내게 안겨 주었다. 두 팔 가득 버릴 것을 껴안고 엘리베이터를 타러 가면서도 나는 웃음이 멈추지 않았다. 내가 진정 변화되기 위해서는 무엇을 먼저 해야 하는지 분명히 깨달았기 때문이다.

'옛날의 나를 버리지 않으면 새로운 나로 채울 수가 없다!' '패러다임을 바꾸지 않으면 기존의 기득권을 버리고 새로운 전환점을 찾은 게 아무 의미가 없어진다.'

나는 그날부터 자존심, 명예, 헛된 욕망 등 심리적인 것에서부터 하나씩 버리기 시작했다. 대신 자신감, 겸손, 꿈과 열정으로 나를 채웠다. 말투, 옷차림, 웃는 모습, 억양, 스타일에 이르기까지 완전히 다른 사람이 되기 위해 노력했다. 80점만 넘으면 되지 뭐 하고 책 한 번 읽어보는 것으로 끝냈던 재무 컨설팅 공부와 자격증 공부도 고3이 대학입시 공부하듯 열심히 했다.

새로운 성공을 원한다면서 예전의 습관대로 살 수는 없었다. 완전히 새롭게 다시 태어날 수 있다면 내 안의 모든 것을 다 버려도 아까울 것이 없을 것 같았다. 하지만 버리기만 하고 채우지 않으면 의미가 없다. 나는 하루에 한 가지 이상 반드시 새로운 습관을 만드는 것을 원칙으로 삼았다.

우선 일어나는 시간을 규칙적으로 만들기 위해 노력했다. 생각보다 이 일은 정말 힘들었다. 5분의 달콤한 아침잠은 5시간의 밤잠과 맞먹는 위력이 있었다. 아침마다 '딱 5분만 더'를 외치던 내가 알람소리를 듣고 벌떡 일어나는 인간이 되기까지 얼마나 자신과 싸웠던지 나는 이 일 하나만으로도 '온대호, 장하다!'를 외치며 칭찬해 주고 싶을 정도였다.

요령이나 다른 방법은 없었다. 알람이 울리면 무조건 눈을 떴다. 밤이건 새벽이건 몇 시에 잤건 따르르르릉, 하는 소리를 들으면 바닥으로 내려와 엉금엉금 기어다니는 한이 있어도 무조건 침대에서 등을 뗐다.

"일어났다! 일어났다! 나는 일어났다!"

몇 번이고 반복해서 소리를 지르며 찬물부터 한 잔 마셨다. 어느 날은 너무 피곤한 나머지 화장실에 가서 샤워를 하는데도 잠이 쏟아졌다. 머리에서 물이 뚝뚝 떨어지는 채로 눈을 반쯤 감고 비틀비틀 걸어나오는 나를 보면 "꼭 이렇게까지 해야 해? 차라리 잠을 더 자"라며 아내는 쯧쯧, 혀를 찼다.

하지만 아침에 일어나는 것 하나 제대로 하지 못한다면 내가 누굴 만나서 그를 위해 인생 설계를 할 수 있겠나 싶었다. 내 생활의 작은 부분도 관리하지 못하면서 다른 사람의 삶의 틀을 짠다는 건 위선이고 거짓인 것처럼 느껴졌다.

처음 2주 동안은 아침 5시에 일어나는 것이 죽을 것처럼 힘들더니 3주 정도 지나자 덜 힘들어졌다. 일찍 일어나는 일에 점점 재미가 붙었다. 습관을 들이자 뇌가 기억하기 시작했는지 두 달이 지났을 때는 알람이 울리기도 전에 눈이 먼저 떠졌다. 마흔이 넘도록 질질 끌려다녔던 습관을 이긴 것이다.

인간의 뇌는 참 신비하다. 뇌가 형태를 갖추는 데 가장 중요한 시기는 탄생 후 1~2년이라고 한다. 이 시기에 뇌의 고위중추에 새로운 시냅스(신경세포 사이의 연결점)가 폭발적으로 증가한다.

한 신경세포를 따라 전기적 흥분이 시냅스에 도달하면 전기신호는 화학신호로 바뀌어 다른 신경세포로 건너뛰고 여기에서 다시 전기적 흥분이 시작된다. 시냅스의 수는 계속 증가해 6개월 된 아기에게는 한 신경세포당 시냅스의 수가 1만8천 개 정도가 되어 보는 법과 거리를 가늠하는 법을 익히게 되는데, 이때 오랫동안 아기의 눈을 가리면 실명할 수도 있다.

어린 아기가 듣고 만지고 쥐고 냄새 맡고 말하고 반응하는 법을 익힘에 따라 시냅스의 수는 엄청나게 늘어난다. 유전자뿐만 아니라 후천적 경험을 중요하게 여기는 요인이 이 점에 있다.

나는 새로 태어난 아기처럼 부지런히 습관을 만들고 익히고 기억했다. 지금도 나는 누군가가 무언가를 새로 시작하고 싶다고 하면 두 달이라는 시간을 정하고 집중하라고 조언한다. 신생아가 2년 동안 온갖 경험을 통해 폭발적으로 시냅스를 증가시키듯, 성인은 두 달 동안 할 수 있는 모든 것을 동원해 자신의 새로운 습관 시냅스를 만들어야 한다.

습관은 무서울 정도로 힘이 세다. 전투적으로 나를 버리고 바꾸지 않으면 왕이 자리를 비운 틈을 타 역모를 꾀하는 간신처럼 저 멀리 갖다버린 예전 습관이 다시 찾아온다. 예전보다 100배는 더 강력하고 달콤하게 느껴질 옛 습관과 싸우며 저항하는 것보다는 아예 발붙일 자리를 주지 않는 것이 낫다.

머리부터 발끝까지 '새로운 나'로 태어나다

　내가 두 달간 고정관념과 편견을 버리고 새로운 습관으로 무장하는 동안, 한 가지 더 신경 썼던 것은 바로 외모다. 겉모습에도 변화를 주어야 한다고 생각했다.

　우선 옷장 안에 있는 셔츠와 넥타이부터 살폈다. 비록 한 번 더 뒤돌아볼 정도로 아름답고 멋진 외모를 갖고 태어나진 못했지만, 첫 만남에서 깔끔하고 믿음직한 사람이라는 신뢰를 줄 수 있도록 언제나 신경 써서 옷을 입었다.

　내가 옷을 입는 원칙은 '피트하게'였다. 와이셔츠도 양복도 몸에 딱 붙지 않으면 제대로 몸에 맞을 때까지 몇 번이고 수선을 했다. 특이한 것은 갖고 있는 양복 10벌 중에서 8벌은 더블 슈트였는데, 그때는 별로 입는 사람이 없어서 어딜 가나 눈에 띄었다. 유행을 따르냐 따르지 않느냐의 문제보다는 내게 어울리느냐 아니냐가 더 중요했다. 몸에 피트하게 입은 더블 슈트는 곧 '온대호 컨설턴트'의 트레이드마크가 되어갔다.

　스타일은 같은 사람도 다른 사람처럼 보이게 한다. 예전에 한 방송에서 한 사람을 두 가지 다른 스타일로 꾸며 쇼윈도에 세워놓고 사람들의 반응을 살펴보는 실험을 한 적이 있었다.

후줄근한 점퍼에 머리도 아무렇게나 하고 서 있는 남자를 보며 대부분의 사람들은 고개를 설레설레 흔들었다. 점수를 매기면 몇 점을 주겠냐는 리포터의 질문에 100점 만점에 10점이라고 대답한 여성도 있었다. 다음엔 산뜻한 슈트에 깔끔한 스타일로 바꾸고 쇼윈도에 세웠다. 멋지다, 고액 연봉자 같다는 발언이 나왔다. 결혼 상대자로 생각해볼 만하다는 의견도 있었다.

"스무 살의 얼굴은 자연의 산물이지만 쉰 살의 얼굴은 당신의 공적이다." 샤넬 스타일을 창조한 코코 샤넬이 한 말이다. 세계적으로 성공한 사람들은 자신만의 스타일을 지니고 있다. 일하는 방식도 성공하는 방식도 제각각 스타일이 다르다. 당연히 개성적인 라이프스타일을 창조하게 되고 그것이 더욱 그 사람을 가치 있게 만든다. 몸 전체에서 압도적으로 풍겨나오는 카리스마든, 함께 있는 것만으로도 부드러워지는 온화함이든 '아, 그 사람!' 하면 떠올리게 되는 것이 있다.

자신의 외모를 가꾸고 스타일을 만드는 일은 자신을 좀 더 깊이 이해하고 받아들이는 일이라고 생각한다. 우리는 분명 마음과 영혼이 깃든 존재이지만 그것을 담고 있는 육체도 가진 존재이기 때문이다.

나는 내면뿐만 아니라 겉모습까지 포함해서 자신을 전부 받아들이기로 마음먹었다. 이른바 온대호 스타일을 만들고 싶었던 것이다. 쑥스러운 일이긴 했지만 나는 평소보다 10분 더 오래 거울을 들여다보는 습관을 들였다. 내 몸은 어떤 체형인지 어떤 색이 잘 어울리는지 넥타이는 좁은 것과 넓은 것 중에서 어느 것이 더 단정해 보이는지 꼼꼼하게 체크했다.

와이셔츠는 흰색과 밝은 하늘색 계열로 1주일에 입을 5벌을 미리 준비해 두었다. 하지만 후에는 5벌을 추가해 10벌로 한 주를 세팅해 준비했다. 어떤 때는 하루에 두 번 와이셔츠를 갈아입을 수도 있었기 때문이다. 넥타이 색깔은 화려한 것으로 매기도 했지만, 반드시 끝까지 잡아당겨 단정하게 맸다. 커프스에도 신경을 썼다. 내게는 아내가 쓰는 보석함 같은 것이 하나 있는데, 종류가 다른 커프스를 담아두고 다음날 입을 옷에 맞춰 미리 정해두었다.

아침마다 하나씩 옷을 갖춰 입을 때면 정신이 무장되는 느낌이 들었다. 온몸에 팽팽한 긴장감과 함께 좋은 기운이 스며들도록 거울 앞에서 크게 웃는 연습을 하기도 했다. 거울 앞에서 매일 자신을 보며 물었다.

"온대호, 너 잘 하고 있냐?"

"예스!"

"온대호, 자신에게 부끄럽지 않은 삶을 살고 있냐?"

"예스!"

"온대호, 오늘도 준비됐냐?"

"예스!"

나는 재벌 2세도 아니고, 천재도 아니고, 특별한 행운이 따라다니는 사람도 아닌 대한민국 어디에서나 볼 수 있는 평범한 사람으로 살아왔다. 하지만 반대로 내가 처해 있는 조건 또한 그리 나쁜 것은 아니라고 생각했다.

극단적으로 말하면 총칼도 없이 전쟁에 강제징집 당하는 것도 아니었고, 사흘 굶은 사자와 싸워야 하는 노예도 아니었으며, 오늘 먹을 물을 구하기 위해 반나절을 걸어 우물물을 길어야 하는 것도 아니었고, 1달러를 벌려고 하루 종일 땡볕에 손을 벌리고 서 있어야 하는 것도 아니었다.

평범하다는 것은 오히려 내게 고마운 일이었다. 자신만의 성공 히스토리를 만들어갈 수 있는 기회라고 여겼기 때문이다. 부와 명예, 외모와 탁월한 능력이 성공의 필수 조건이 아니듯 마찬가지로 게으름, 패배의식, 고정관념 또한 패배의 필수 조건은 아니다.

중요한 것은 내가 얼마나 변화를 원하는지 스스로 깨닫고 있는가 하는 것이었고, 그보다 더 중요한 것은 하루도 멈추지 않고 스스로 변화를 만들기 위해 끊임없이 행동에 옮기는 것이었다.

변화를 일으키는 일은 날마다 자신의 한계를 처절하게 느끼는 일이기도 했다. 하지만 한계에 걸려 넘어지기보다는 내가 창출해 낼 수 있는 변화에 초점을 맞췄다. 내가 이것밖에 안 되는 인간인가, 하고 밤마다 바닥을 파며 지하 1,500미터 땅 속으로 굴을 파고 들어가 자신을 학대하고 고문해 봤자 지하수는커녕 온갖 못난 감정의 소용돌이에 빠지기 십상이라는 것을 깨달았기 때문이다.

두 달이란 시간 동안 자신의 한계를 들여다보며 안팎으로 성공의 각을 새로 잡는 일은 반드시 필요했다. 하지만 그것은 출발선을 정하기 위해서였지 엔딩 라인을 결정하기 위해서가 아니었다. 있는 그대로의 나 자신을 사실 그대로 받아들이면서 내가 잘할 수 있는 것은 무엇인지, 어떤 장점을 지니고 있으며 그것을 어떤 식으로 발전시킬지 고민하기 위해서 필요한 일이었다.

변해야 한다고 결심에 결심을 했지만 대접을 받다가 대접을 해야 하는 위치로 변화하는 것은 쉬운 일이 아니었다. 어딜 가나 대표님, 사장님, 소리를 듣고 비서들이 거의 모든 실무를 다 처리해 주었는데 이제는 내가 하나부터 열까지 직접 해결하지 않으면 안 되는 상황이 된 것이다.

시간이 지날수록 더욱 철저하게 조금이라도 가지고 있는 기득권을 버려야만 이 일을 해낼 수 있다는 것을 몸으로 터득하게 되었다. 조금이라도 미련이 남아 있으면 예전의 습관이 고개를 들고 나를 흔들어댔다.

'두 달, 딱 두 달이다. 그 안에 모든 것을 바꾸자.'

나는 더욱 마음을 다잡았다. 기다리고 예상했던 고통을 직접 겪으면서 나는 현장 일선에서 직접 뛰며 기자 생활을 하던 때로 돌아간 듯한 기분을 느꼈다. 두 달이 가까워지자 생생한 현장감과 현실감이 되살아났다. 꺼진 듯 사라졌던 행동 열정이 다시 타오르기 시작했다. 지하철을 타면 누가 내 옆에 있든지 반드시 명함을 주고 내렸다.

몸에 딱 맞는 옷을 입고 넥타이를 목 끝까지 매고 반짝이는 구두를 신고 나는 세상에서 가장 멋진 인간이라도 된 듯 매일 허리를 꼿꼿이 펴고 걸었다. 자신감을 의도적으로 표출하면서 목소리 톤 하나에도 신경을 썼다. 그리고 두 달이 지나자 의식하지 않아도 자신감이 나 자신의 일부가 되어감을 느꼈다.

자기관리의 시작, 독한 다이어트

새로운 일을 시작한 지 한 달쯤 지났을 때 심각한 문제가 발생했다. 조금씩 붙기 시작한 살이 어느새 체형을 변하게 만드는 수준에 이르렀던 것이다. 게다가 아내는 요리 솜씨가 정말 좋다. 밤에 배가 고픈 채로 집에 들어가면 아내가 야식을 준비하곤 했는데, 너무 맛이 있어서 양껏 먹다 보니 칼로리 소모를 다 해내지 못했던 것이다.

의자에 앉을 때마다 압박감이 느껴졌다. 게다가 옷을 피트하게 입는 나로서는 더블 슈트를 못 입게 될 정도로 위기감이 커졌다. 어느 날 거울 속에 비친 내 모습은 충격적이었다. 여기저기 군살이 붙어 80킬로그램에 육박하는 내 몸은 먹고살 만하다는 후덕한 인상을 주기보다는 자기관리를 잘 못한 사람의 표본처럼 보였다. 생각해 보라. 배 나온 중년의 사내가 보험의 중요성을 설명하고 있을 때와 날렵한 몸매의 단단해 보이는 젊은 인상의 사내가 같은 걸 설명하고 있을 때, 어느 쪽에 더 신뢰가 가겠는가.

하루는 무릎이 너무 아파 한의원에 찾아갔다. 최근 많이 걷고 움직이는 일이 많아서였을 거라고 대수롭지 않게 생각하며 침이나 맞

고 올 생각이었다. 그런데 한의사는 심각한 얼굴로 대뜸 야단부터
쳤다.

"젊은 사람이 몸이 이게 뭡니까?"

"네? 어디가 많이 안 좋은가요?"

"도대체 평소 몸 관리를 어떻게 하신 겁니까?"

"그게…… 그러니까……."

나는 모르는 병이라도 몸에 있나 싶어서 덜컥 겁이 났다. 아무 생
각 없이 병원에 갔더니 암이었다는 등의 이야기가 남의 일이 아니
구나, 건강보험을 몇 개 더 들걸 그랬나, 별별 생각이 다 났다. 나는
조심스럽게 다시 물었다.

"저기…… 어디 병이라도……."

"그럼요, 병이 있지요. 그것도 아주 큰 병이요."

등에서 식은땀이 흘러내렸다. 마른하늘에 날벼락이었다. 한 번도
크게 아픈 적이 없었는데 이제 새로운 인생을 막 시작하려는 이때
하필이면……. 한숨이 절로 나왔다.

"많이 심각한가요?"

"이대로 가면 큰일 나지요."

"그럼 어떻게 해야 하나요? 수술을……."

"무조건 살을 빼세요."

"네? 살이요?"

"비만입니다, 비만. 당신 나이에 무릎이 아플 정도로 살이 찐다는

게 얼마나 무서운 일인지 모르십니까?”

한의사는 고혈압, 당뇨, 혈액순환 장애에 이르는 각종 성인병에 대해 일장 연설을 늘어놓았다. 멍하니 이야기를 듣고 있는데 피식피식 웃음이 났다.

‘휴, 난 또 뭐라고. 죽을 병은 아니었네. 살만 빼면 되는 거잖아.’

살면서 다이어트라는 것을 한 번도 해본 적이 없었던 나는 조금만 운동하면 곧 원 상태로 돌아올 것이라고 생각하고는 우선 헬스클럽에 등록을 했다. 하지만 곧 살만 빼면 된다는 것이 얼마나 어려운 일인지를 피눈물 나게 알게 되었다.

운동만 해서는 절대로 살이 빠지지 않는다는 것도 그때 알았다. 식이요법도 병행해야 했다. 아침과 점심은 먹고 싶은 만큼 실컷 먹었지만 문제는 저녁이었다. 저녁은 굶은 채로 9시에 끝나든 10시에 끝나든 무조건 2시간씩 러닝머신을 뛰었다.

섭취한 칼로리 이상을 소비해야 살이 빠진다는 것은 세상에서 가장 무거운 진리였다. 밥 한 공기에서부터 된장국 반 그릇에 이르기까지 모든 음식물의 칼로리를 줄줄 외우다시피 했다. 좋아하던 고기와 콜라도 끊었다.

오후 5시까지는 참을 만했다. 6시는 마의 시간대였다. 7시가 되면 온통 먹을 것만 생각났다. 너무 배가 고파 쓰러질 것 같은 날엔 필사적으로 참고 또 참다가 도저히 안 될 것 같으면 뻥튀기 두 조각을 먹었다.

그래도 배가 고프면 잠을 잤다. 내일 아침밥은 먹을 수 있다는 것이 유일한 희망이자 기쁨이었다. 노력한 보람이 있었던지 몸이 조금씩 가벼워지면서 살이 빠지는 게 눈에 보였다. 하루에 300그램씩 1주일에 2킬로그램 정도가 빠지기 시작했다. 안방, 화장실 앞, 주방 식탁 아래 등 집안 곳곳에 디지털 체중계를 두고 틈이 날 때마다 올라가 몸무게를 쟀다.

처음 2주일은 지옥훈련이 따로 없었다. 하지만 점점 살이 빠지고 나날이 숫자가 달라지는 체중계를 보며 재미가 붙었다. 저녁을 굶고 2시간 이상 매일 운동하는 것은 고통이었지만 고통 없이는 얻는 것도 없다는 것을 배웠다.

두 달 만에 12킬로그램이 빠졌다. 뱃살이 빠지자 휴일에는 과감하게 쫄티를 입고 외출했다. 건강도 좋아지고 몸도 예전 상태로 돌아가자 더욱 자신감이 생겼다. 살도 뺐는데 내가 무엇을 못하겠는가 하는 마음이 들어 정신력도 더욱 강해졌다. 더불어 몸이든 마음이든 무엇이든 변화가 가능하다는 확신이 생겼다.

이틀 동안 내가 자신의 모든 것을 탈탈 털어가며 고민했던 것처럼, 두 달 동안 체질까지 바꿀 정도로 혼신의 힘을 기울였을 때 몸과 정신의 변화는 분명히 가능했다. 정말 진심으로 변하고 싶다면 안일하게 조금씩 바꾸려고 하지 말고 자신의 모든 것을 확실히 바꾸겠다는 전제로 노력해야 한다는 것도 알았다.

마음가짐에서부터 겉모습에 이르기까지 내 생애 처음으로 버리고 바꾸기를 시도했던 두 달은 비록 뼈를 깎는 것처럼 힘든 시간이었지만 향후 20년에 맞먹을 정도로 강력했다.

이때의 경험을 바탕으로 이후에 나는 '2 2 2^{투투투} 성공 로드맵'을 만들어 교육 컨텐츠로 활용해 오고 있다. 이틀(2) 만에 자신의 내면을 모조리 분해할 정도로 처절하게 파헤치고 고민한 뒤, 그간 자신을 지배해 왔던 나쁜 습관과 패배의식을 모두 버리고 자신의 몸과 마음을 새로운 성공의 패러다임으로 전격적으로 바꿔야 한다. 두 달(2) 동안에는 그동안 꿈꿔왔던, 그 꿈을 향한 자신만의 성공 로드맵, 즉 설계도를 그린다. 성공한 멘토의 것을 카피해도 좋고 그것을 토대로 응용해도 무방하다. 자신만이 가진 성공의 골격을 확실하게 만들어내는 것이다. 그리고는 2년 동안 그 목표에 다다를 때까지 '불광불급^{不狂不及}'의 정신으로 미친듯이 몰입하는 것이 2 2 2 성공 로드맵의 핵심 내용이다.

그것은 평범한 사람도 누구나 성공 체질로 만들 수 있는 확실한 솔루션이 되어 지금까지 활용되고 있다.

하늘이 무너지고 땅이 갈라져도 3W

재무 컨설턴트로서 본격적으로 일을 시작한 첫날이었다. 마침 MBC 방송아카데미 〈PR 홍보, 스포츠마케팅과 스피치 커뮤니케이션〉 강의에서 인연을 맺었던 제자와 연락이 닿아 만나러 가기로 했다. 한 시간 전에 약속 장소에 미리 가보았다. 큰 길 한가운데 있는 유명한 커피전문점이어서 만나기는 쉬운 곳이었지만 사람들이 자주 드나들고 너무 시끄러웠다.

나는 따로 조용히 얘기를 나눌 만한 카페를 찾아보았다. 골목 안으로 들어서니 마침 음악소리도 요란하지 않고 분위기도 괜찮은 곳이 있었다. 카페 안쪽 마음에 드는 자리를 마음속으로 점찍고는 주인에게 한 가지 부탁을 했다.

"저기, 제가 한 시간 안에 다시 올 텐데 저기 저 자리 좀 미리 예약할 수 있을까요?"

"글쎄요, 저희 집은 따로 예약을 받지는 않는데."

"꼭 좀 부탁드립니다. 여기에서 꼭 해야 할 일이 있어서요."

"그럼 한 시간 안에 오시지 않으면 다른 손님을 앉게 해도 될까요?"

"예. 물론이죠. 고맙습니다."

장소를 확보한 나는 다시 약속 장소로 갔다. 재무 컨설턴트로 일하는 동안 고객을 만나기 전에 내가 스스로에게 했던 약속은 두 가지였다. 첫째는 약속시간은 반드시 지킨다는 것이었고, 둘째는 어느곳에서 만나든 그곳에 미리 가서 이야기를 나눌 만한 적당한 장소를 찾아둔다는 것이었다.

미리 약속했던 커피전문점에서 제자를 만난 후 예약해 둔 카페로가서 그 자리에 앉을 수 있었다. 카페를 들어서자마자 제자가 어머, 이렇게 조용한 카페도 있었네, 하며 감탄을 했다.

"선생님, 여기 자주 오세요?"

"아니, 그리 자주는 못 오는데."

"그런데 여긴 어떻게 아셨어요?"

"다 아는 수가 있지."

"정말 어딜 가나 선생님은 모든 게 자연스러워 놀랄 때가 많아요."

내가 어느 장소나 줄줄 꿰고 있는 것은 아니었다. 혼자 다닐 때는오히려 밥 먹을 곳을 찾지 못해서 쩔쩔 맬 때도 있었다. 하지만 고객과의 만남은 예외였다. 미리 준비하고 살펴보는 것이 그 사람에 대한 최소한의 예의라고 생각했기 때문이다.

"요즘 어떻게 지내세요?"

"전업했다. FC해."

"보험요? 선생님께서요?"

"응. 난 뭐 하면 안 되냐?"

"그건 아니지만…… 의외여서요. 계속 사업 쪽으로 일하실 거라고 생각했거든요."

"이 일도 막상 해보니 재미있어. 사람들도 많이 만나고 나랑 잘 맞아."

제자는 빙그레 웃더니 사람을 워낙 좋아하시니까, 라며 고개를 끄덕였다. 그러고는 예전에 자신을 위해 이런저런 보험을 들었다면서 내게 여러 가지를 물었다. 나는 내가 아는 한도 내에서 최대한 자세하게 대답을 해주었다.

"아, 시원해라. 이럴 줄 알았으면 선생님께 보험을 들걸 그랬어요."

그는 이미 여러 개의 보험에 가입해 있는 상태였다. 나는 다른 방향에서 이야기를 꺼냈다.

"보험이라는 게 꼭 자신만을 위해 있는 건 아니지."

"네? 그럼 또 누구를 위해서 있는 거예요?"

"가족."

제자는 잠시 고개를 숙였다. 뭔가를 곰곰이 생각하고 있는 듯 보였다.

"사실은 제가 결혼하고 나면 부모님께 지금처럼 용돈이나 제대로

드릴 수 있을지 걱정이에요."

결혼하기로 한 상대도 넉넉하지는 않은 것 같고 시부모님께 매달 드려야 하는 돈도 있다고 했다.

"그럼 효도 연금 어때?"

"효도 연금요?"

사실 효도 연금이라는 상품이 따로 있는 것은 아니었다. 부모님의 노후 대책을 위한 상품을 내가 그렇게 이름 붙인 것이었다. 자세한 설명을 듣더니 그는 흔쾌히 계약을 하겠다고 했다.

"고마워요, 선생님. 덕분에 걱정이 하나 줄었어요."

"고맙긴. 내가 고맙지. 뭐 더 궁금한 점 있어?"

"아니요. 선생님이니까 무조건 믿어요."

그는 내 생애 잊을 수 없는 첫 번째 고객이 되었다. 지금까지 만났던 수많은 고객들이 모두 다 내게는 고마운 귀인이지만, 특히 그에게는 지금까지도 고마운 마음을 지니고 있다. 기분 좋게 선뜻 계약을 해서 일을 쉽게 시작할 수 있도록 시동을 걸어준 것도 있지만 나라는 인간을 그냥 믿어준 것이 마음에 더 깊이 남았기 때문이다.

그와 헤어지고 오는데 가방을 쥐고 있는 손에 나도 모르게 힘이 들어갔다.

'드디어 첫 번째 계약을 했구나.'

이제부터 시작이라는 생각에 가슴이 뭉클해졌다. 큰 액수의 계약은 아니었지만 내게는 무엇보다 힘이 되는 계약이었다. 다시 한 번 가방을 잡은 손에 힘을 단단히 주었다. 아직 두 건의 계약을 더 해야 했다.

보험업계에는 3W라는 것이 있다. 1주일에 크든 작든 계약을 세 개 하면 성공한다는 불문율 같은 것이다. 첫 번째 계약을 한 그날은 목요일이었다. 일요일 마감까지는 3일이 더 남아 있었다. 나는 시작한 첫 주부터 3W를 하자고 마음을 먹었다. 당시에 같은 지점에 8년 가까이 3W를 한 주도 안 쉬고 해낸 선배가 있었다. 이른바 노스킵 ^{no skip} 3W 비공인 세계 신기록 행진 중이었다. 정말 보통 사람이 아니었다.

하늘이 무너져도 땅이 갈라져도 쉬지 않고 3W를 하겠다는 것이 내 첫 번째 목표였다. 매주 3W를 해내는 것은 성공 습관을 만드는 일이었다. 첫째 주 3W를 이루고 나자 둘째 주부터는 무엇을 어떻게 해야 할지 더욱 구체적으로 생각하게 되었다. 오늘은 누구를 만나 무엇을 하고 내일은 또 어디로 갈지 날마다 수첩에 빽빽하게 적어 넣었다.

첫 번째 계약을 한 그 주부터 나는 부지점장으로 전환하기 직전까지 48주 연속으로 3W를 했다. 두 달 동안 버리고 바꾼 노력이 결실을 맺으며 한 달 또 한 달이 지났다. 나는 여전히 3W를 우선으로 일을 했다. 금액이 큰 계약도 작은 계약도 모두 소중하게 여겼다.

수요일 전에 달성되는 주도 있는가 하면 금요일 저녁까지 한 건의 계약도 못한 주도 있었다. 하지만 나는 일요일 마감 시각 전까지는 끝까지 포기하지 않고 고객을 만나서 목표를 달성했다.

3W를 하면 지점에서 매주 시상을 했다. 5주 단위로 특별 시책 보너스도 나왔다. 눈에 보이는 성공은 나를 더욱더 단련시켰다. 성과가 쌓여가는 재미는 무엇과도 바꿀 수 없을 정도로 즐거웠다.

하지만 눈에 보이는 성과보다 더 중요한 것이 있었다. 어떻게 하면 좀 더 고객에게 감동을 주고 감사의 마음을 전하느냐 하는 것이었다. 그리고 그것은 이 일을 하면서 내가 끊임없이 고민한 것이기도 했다.

chapter
3

정상에 오를 때까지
2년만 제대로 미쳐라

고객 감동 대작전

일을 시작하면서 나는 처음부터 목표를 '탑 10' 리스트에 들어가는 것으로 잡았다. 하지만 내가 선택한 일은 고객에 대한 감동과 서비스를 지속적으로 제공하지 않으면 하기 힘든 일이라 생각했다. 보험 상품 파는 데 집중하다가 고객의 눈밖에 나는 건 있을 수 없는 일이었다. 어떻게 하면 고객의 마음에 닿을까 밤낮으로 고민했다. 그리고 기왕이면 고객의 입장에서 생각하고 싶었다.

그런데 보험 계약에서 정말 중요한 일 중 하나가 증권을 전달하는 일이다. 증권 전달에는 보안과 안정성을 유지해야 하는데, 간편하게 택배로 보내는 사람도 있었지만 나는 본인을 직접 만나서 전달하는 것을 원칙으로 세웠다. 비록 종이 한 장이지만 고객에게는 수십억의 가치가 있는 중요한 물건이었기 때문이다.

많은 컨설턴트들이 이 증권의 소중함을 알기에 팩에 끼우기도 하고 액자에 넣어주기도 하는 등 다양한 방법을 쓴다. 나 또한 어떻게 증권을 전달하느냐를 두고 많이 고민했다. 하루는 운전을 하다가 신호대기에 걸려 있는데 마침 롤스 로이즈 매장 앞이었다. 문득 한 가지 생각이 뇌리를 스쳤다.

자동차를 좋아하는 나는 평소에도 자동차 매장에 가는 것을 좋아한다. 롤스 로이즈 매장에도 간 적이 있는데 딜러들이 하얀 장갑을 끼고 차 문을 열면서 신차를 마치 예술품 다루듯이 조심스럽게 대하는 태도에서 깊은 인상을 받았던 기억이 났다.

'그래! 흰 장갑이다!'

나는 바로 흰 장갑을 사서 가방에 넣고 다니다가 증권을 전달하는 순간 꺼내 끼고는 이런 말과 함께 조심스럽게 증권을 건넸다.

"당신의 소중한 가족들에게 사랑을 전달하고 자산과 비전을 약속하는 증권입니다."

이런 상황에서 대부분의 사람들은 생전 처음 겪는 일처럼 눈이 휘둥그레지기 마련이다.

"어째서 흰 장갑을……?"

"세상에나, 어떻게 이런 생각을 다 하셨어요?"

반응은 크게 두 가지였다. 신기하다면서 더욱 감동을 받고 적극적으로 자신의 지인들을 소개해 주는 경우와 마음은 알겠지만 흰 장갑 하면 왠지 유서나 죽음이 떠올라 꺼려진다는 경우였다. 후자의 경우엔 이렇게 대답했다.

"몇억 원의 자산가치를 가지고 있는 귀중한 물건인데 함부로 대할 수 없잖아요."

긍정적이든 부정적이든 모두 처음 경험한다며 재미있고 신선하다는 의견들이었다. 하지만 몇 달 후 나는 더 이상 흰 장갑을 끼고 증권을 전하는 일은 그만두기로 했다. 100퍼센트의 고객이 모두 만족하지 않는 이상 '신기한 것'은 의미가 없었다. 그 일로 '온대호 FC'를 확실하게 전달하긴 했지만 나 자신의 이름을 인식시키는 것보다 더 중요한 것은 고객의 마음에 100퍼센트 감동을 주는 일이라고 판단했기 때문이다.

고객 감동을 위한 나의 고민은 이후에도 계속되었다. 그러나 나는 심각하고 무거운 접근보다는 나도 고객도 한바탕 웃을 수 있을 정도의 즐거운 방법을 모색했다. 내가 좋아하는 유머 중에 이런 이야기가 있다.

사이좋은 형제가 있었다. 형은 가끔 5센트와 10센트 동전 두 개를 내밀고 동생에게 고르게 했는데 동생은 동전이 더 크다는 이유로 늘 5센트짜리를 골랐다. 형은 그런 동생이 재미있다는 듯 웃으며 다음에 또 동전 두 개를 내미는 것이었다. 그때마다 동생이 고르는 것은 5센트였다.

어느 날 동생의 친구가 그 장면을 목격하고 동생에게 물었다.

"너 정말 바보니? 10센트가 5센트보다 가치가 있다는 걸 모르는 거야?"

동생은 빙긋 웃으며 대답했다.

"물론 알지. 하지만 내가 10센트를 고르면 형은 앞으로 이 장난을 그만둘 거 아냐."

"그럼 알면서도 일부러 그랬단 말이야?"

"응. 내가 5센트를 갖는 것도 좋지만 형이 즐거워하는 것을 보는 건 더 좋거든."

"형은 네가 알고 있는 걸 모르니?"

"아마 알지도 모르지. 하지만 형이 좋아한다면 난 그걸로 만족해."

나는 고객을 위한 마음이 진지하더라도 심각하고 무거울 필요는 없다고 생각했다. 어디서나 늘 웃음거리를 찾고 재미있는 이야기는 고객과 함께 나누었다. 나의 재미있는 농담 한 마디나 작은 마음 씀씀이 하나에 무거운 상황이 반전되어 미소를 짓는 고객도 있었다. 내가 고객을 진심으로 웃게 하면 고객은 나에게 더 크게 웃을 일을 주었다.

한창 더운 여름 한낮, 한 고객의 사무실에서 만날 약속을 했는데 그 사람을 기쁘게 해주고 싶었다. 며칠 동안 고민하다가 동료들과 함께 먹을 수 있는 것을 보내야겠다고 생각했다. 시원한 음료수로 할까 하다가 몸에 안 좋은 가공식품 음료보다는 비타민이 풍부한 과일이 낫겠다 싶어 신선한 오렌지 한 박스를 퀵서비스로 보냈다.

내가 도착했을 때 사무실에는 이미 향긋한 오렌지 향기와 그 여운으로 가득 차 있었다. 나는 사무실에 있던 고객과 그의 동료 모두에게 깊은 환대를 받았고 그 자리에서 그들은 내 편이 되었다.

고객과의 대면에서 보험 상품을 파는 데만 주력하면 자신을 소모시키기 쉽다. 고객을 만나러 갈 때 나는 만나기 직전까지도 그 사람에게 어떤 도움을 줄 수 있을지, 어떻게 감동을 줄지 고민했다. 계약의 액수보다 인간의 마음이 먼저라고 생각했다.

소득공제 상품과 비과세 상품을 두고 고민하던 고객이 있었다. 몇 번의 상담과 프레젠테이션을 끝내고 다음번에 만나 계약하기로 이야기가 진행되던 중이었다. 최종 약속을 정하려고 전화를 했더니 머뭇거리는 목소리로 그가 어렵게 말을 꺼내는 것이었다.

"사실은 어제 고등학교 선배가 찾아왔어요……."

친한 고등학교 선배가 나와 같은 상품을 들고 와 부탁을 하는 바람에 거절하기가 어렵다고 했다. 나는 밝게 웃으면서 알았다고만 하고 일단 전화를 끊었다. 오래 공들였던 계약이라 속이야 쓰렸지만 마음이 어려울 게 뻔한 사람한테 화를 내거나 할 수는 없는 일이었다. 하지만 그보다 그 사람이 그 보험과 재무 포트폴리오를 얼마나 중요하게 생각하고 있을지 그것이 걱정되었다.

같은 상품이라 하더라도 어떤 마음으로 계약을 하느냐에 따라, 또는 어떤 컨설턴트가 관리하느냐에 따라 유지하는 정도가 달라진다. 나는 그가 정말로 남을 위해 보험 한 건을 계약해 주는 것이 아니라 자신을 위해 자산관리를 하는 입장에서 계약하기를 원했다.

전화를 끊자마자 나는 바로 편지를 썼다.

"존경하는 차장님, 어렵게 꺼내신 이야기 잘 들었습니다. 이야기하기 힘드셨을 텐데 솔직하게 말씀해 주셔서 오히려 감사합니다. 차장님과 짧은 만남을 가졌지만 여러 가지를 배웠고 소중한 인연이라고 생각합니다. ······ 누구와 보험 계약을 하느냐보다는 본인에게 그것이 얼마나 도움이 되는지 정확히 알고 있는 것이 더 중요하다고 생각합니다. 그리고 차장님과 함께 끝까지 평생 동반자로 갈 수 있는 컨설턴트가 있어야 하는데 제가 바로 그 해결사 역할을 하겠습니다."

편지에 두 가지 상품에 대한 자세한 설명과 각각의 이점, 향후 자산관리에 대한 조언과 함께 이런 추신을 덧붙였다.

"혹시 마음에 드는 여성이 계시면 이런 방법을 써보세요."

그리고 향수를 한 병 동봉해 소포로 보냈다. 그에게는 마음은 가지만 영 진척이 안 되고 있던 아가씨가 있었는데 그녀와 잘 됐으면 하는 마음을 향수에 담았던 것이다. 며칠 후에 그에게서 전화가 왔다. 나의 마음이 너무나 고맙게 느껴져 감동을 받았다는 것이다. 그리고 선배에게는 미안하지만 확실하게 상품을 소개하고 알려준 나와 계약을 하겠다고 했다.

예상치 못한 결과였으니 내 기쁨도 몇 배는 컸다. 그리고 여기에서 밝힐 수는 없지만 내가 알려준 연애 팁은 확실한 효과가 있었던 것이 틀림없다. 1년이 되기 전에 그녀와 결혼한다는 청첩장을 받았으니 말이다.

열심히 일하더라도 '행운'은 필요하니

연말이 되면 재무 컨설턴트들은 고객들을 위해 이런저런 선물을 챙기는 일로 분주해진다. 달력과 수첩, 고급 볼펜, 생활용품, 탁상시계, 향수 등. 나는 기억에 남을 선물로 고르고 싶었는데 딱히 마음에 이거다, 하고 와 닿는 게 없었다.

때 맞춰 보내는 선물은 잘 보내도 본전일 경우가 많다. 명절에는 주로 먹는 것으로 보내는 경우가 많았지만, 연말연시를 맞아 고마운 마음을 전달하는 물건을 찾는 것은 생각보다 어려웠다. 사람마다 취향이 다르기에 모두에게 적당한 것을 보냈다가는 한 번 풀어보고 집 한 구석에 그대로 박힌 채로 먼지만 쌓이는 짐이 될 수도 있었다.

그냥 명색을 갖추는 선물인데 달력이나 다이어리 같은 실용적인 물건이면 족하다고 생각하는 사람도 있었고, 자신의 이름을 새겨넣은 탁상달력과 다이어리를 주문하는 컨설턴트들도 많았지만, 나는 좀 더 특별하게 기억할 만한 선물을 주고 싶었다. 누구나 흔하게 주고받는 선물에는 영 마음이 가지 않았던 것이다.

밤늦게 사무실에 남아 선물을 보낼 고객 명단을 작성하는데 책상

한 구석에 두었다고 여겼던 지갑이 보이지 않았다. 부랴부랴 여기저기 옷을 뒤졌다. 주머니 어디에도 없었다.

'아차, 아까 저녁 먹은 식당에 두고 온 걸까?'

지갑 안에는 내가 힘들 때마다 꺼내보며 기운을 얻는, 나만의 부적이 들어 있었다. 마음이 조급해져서 자동차 키를 찾아 날다시피 주차장으로 내려갔다. 다행스럽게도 지갑은 운전석 아래 떨어져 있었다.

'휴우, 십 년 감수했네.'

안도의 한숨을 내쉬며 지갑을 열었다. 내용물도 그대로였다. 나는 갑자기 기운이 빠져 운전석에 그대로 앉아 오랫동안 소중하게 간직해 온 나만의 부적을 꺼냈다. 손에 올려놓고 쓰다듬으며 지긋이 바라보았다. 아까의 안절부절못했던 마음은 사라지고 저절로 웃음이 났다.

지갑 속에 고이 모셔져 있는 내 부적은 만 원짜리 지폐 한 장이었다. 아무리 급한 일이 있어도 절대로 이 돈은 쓰지 않았다. 그냥 돈이 아니라 내 힘으로 처음 벌었던 돈의 가치를 잊지 않는다는 마음이 오롯이 담긴 소중한 것이기 때문이다.

대학 입시를 끝내고 고등학교를 졸업하기 전 처음으로 아르바이트를 했다. 잣을 파는 일이었는데 친구 친척 중 한 분이 잣 농사를 지었으니 용돈이나 벌 겸 한번 팔아보라고 무상으로 주신 것이다. 그래서 그 친구와 둘이서 난생 처음으로 세일즈를 시작했다.

아침부터 밤까지 상가를 돌아다니며 팔아보았지만 세상이 내 생각처럼 만만치 않다는 것을 뼈저리게 경험했다. 학생이니까 조금은 팔아주겠거니 했던 안일한 마음은 잣을 판 지 사흘째 되던 밤에 처참하게 무너져내렸다. 이래서는 사흘이 아니라 석 달이 걸려도 한되도 못 팔 것 같았다. 작전을 바꾸기로 했다.

당시 내가 살던 곳은 전주였는데 시내에 있는 상가를 돌아다니며 관찰을 했다. 다들 바쁘게 일하느라 하나라도 일손이 부족해 보였다. 가게 앞을 지나가는 척하며 슬쩍 말을 붙였다.

"바쁘신 것 같은데 제가 뭐 도와드릴까요?"

"응? 누구야? 학생 같은데 저리 가."

"그냥 도와드리고 싶어서 그래요."

"어허, 참. 뭘 도와주겠다고……."

처음엔 일할 줄이나 아나, 라며 손사래를 치던 분들도 싹싹하게 말을 붙이며 정성껏 일을 돕는 내게 밥도 사주고 이런저런 일을 묻기도 했다.

"아직 학생이여?"

"네. 올해 고등학교 졸업해요."

"시험은?"

"그럭저럭 봤어요."

"대학은 어디로 가나?"

"서울요."

"어이구, 장하네. 공부 잘 했나 보이."

"별로 그런 것도 아니에요."

"우리 아들도 학생처럼 공부 잘 해서 서울 가면 좋겠네."

잣을 처음 팔러 갔을 때는 문전박대를 하던 상인들이 언제 그랬냐 싶게 아들처럼 대해주며 살갑게 구셨다. 비록 그때는 깨닫지 못했지만 후에 생각해 보니, 물건을 팔기 전에 서비스와 나를 먼저 팔아야 한다는 것을 몸으로 체득한 것이었다.

1주일에 서너 번은 들러 얼굴을 익히자 열 집 중에 두 집 정도는 잣을 팔 수 있었다. 한 번 보는 것과 두 번, 세 번 보는 것은 달랐다. 결국 잣은 다 팔지 못했지만 돈보다 귀한 경험을 얻은 셈이었다.

중간에 지갑을 한 번 잃어버리는 바람에 그때 잣 값으로 받았던 그 진짜 돈은 잃어버렸지만 대신 내 지갑 깊숙한 곳에 옛 만원권을 넣어두었다. 이것은 아직까지도 여전히 내게 상징적인 힘을 준다. 정신의 산소가 필요할 때 꺼내 손끝으로 만져보면서 마음을 다지면 신기하게도 새로운 에너지가 생겼다. 이 돈은 내게 행운의 보물과도 같은 것이었다.

'행운의 보물!'

퍼뜩 머릿속으로 아이디어가 떠올랐다.

'행운의 2달러!'

2달러를 우리 돈으로 바꿔 생각하면 비록 몇천 원에 불과한 작은 돈이지만, 실은 로또보다 더 큰 의미가 있다.

2달러 지폐는 1918년 미국 연방준비은행이 발행한 이래 통용화폐용보다는 수집화폐용으로 인기를 모았다. 지금까지 다섯 차례만 발행했을 정도로 귀한 화폐다. 게다가 1956년에 개봉된 영화 〈상류사회〉에 출연한 그레이스 켈리가 같이 출연했던 프랭크 시나트라로부터 2달러 지폐를 선물로 받고 모나코의 왕비가 되자 '행운의 2달러'라는 속설이 생겨난 것이다.

실제로 1달러에 비해 2달러는 상대적으로 흔히 볼 수 없기 때문에 미국 같은 달러권 나라에서는 친한 사람들 사이에 '행운'의 의미로서 주고받기도 하는 지폐다.

그렇게 고민할 땐 죽어도 떠오르지 않던 것이 순식간에 해결된 것이다. 나는 사무실로 올라가 휘파람을 불며 선물 보낼 고객의 명단을 끝까지 작성했다. 당장 내일부터 선물을 준비해 보낼 생각을 하니 어깨춤을 출 정도로 신이 났다. 아침이 되자마자 내가 주로 거래하는 은행으로 달려갔다.

"2달러짜리로 바꿔주세요."

"얼마나요?"

"100장요."

"네?"

은행원은 난감하다는 듯 내 얼굴을 보았다. 나중에 안 일이지만 2달러 지폐를 모두 신권으로 구하는 것은 생각보다 쉬운 일이 아니었다. 게다가 한두 장도 아니고 수백 장을 요구하는 일은 특별하고 어려운 요청이었다. 하지만 그때까지의 내 신용을 믿은 한 은행원 덕분에 며칠에 걸쳐 100장을 모두 구할 수 있었다. 이후에 개인적으로 인연이 깊은 은행과 증권사를 찾아가 400장을 더 요청해서 준비해 두었다.

다음 문제는 2달러를 어떻게 보내는가 하는 것이었다. 문득 우리나라에서는 행운이라는 말보다 복이라는 말을 많이 쓴다는 것이 떠올랐다. '새해 복 많이 받으세요', '웃으면 복이 와요'라는 말은 오랫동안 친근한 인사이자 덕담으로 쓰이지 않았던가.

나는 동대문과 남대문 상가를 샅샅이 뒤져 적당한 크기의 예쁜 복주머니를 400개 구입했다. 그리고 봉투에 복주머니와 함께 빳빳한 2달러짜리 새 돈을 넣고 손글씨로 메시지를 써넣었다. 천편일률적으로 똑같은 메시지를 써서 프린터로 뽑는 것은 의미가 없다고 생각했고, 고객 한 명 한 명을 생각하며 일일이 손으로 편지를 썼다. 글의 마지막에는 2달러와 복주머니의 의미를 알리고 이렇게 마무리 지었다.

"소중한 당신에게 복과 행운이 깃들기를 바랍니다."

행운의 2달러와 복주머니를 선물로 보낸 후 고객들의 반응은 가히 폭발적이었다. 하루에도 몇 통씩 고맙다는 전화가 걸려왔다.

"정말 마음에 드는 선물이었어요. 고맙습니다."

"어떻게 이런 기억에 남을 선물을 생각하셨어요?"

"소중하게 간직할게요."

"아이디어 참 신선합니다. 감사합니다."

"마음이 그대로 전해지는 것 같아 따뜻해졌습니다."

"저도 다른 사람한테 선물하고 싶어요."

땀을 흘리며 열심히 일한다 해도 '행운'이란 놈은 필요하다. 투자한 시간에 비해 결과가 나오지 않을 때도 있다. 행운에만 의지하는 것은 어리석은 일이겠지만 심리적 안정을 주는 행운의 물건을 품고 다니면서 기운을 얻는 것은 로또를 사서 일확천금을 노리는 것보다 낫다고 생각한다.

지금도 내가 보낸 행운의 2달러를 여전히 지갑 속에 지니고 다닌다는 고객들이 많다. 거창한 물건은 아니지만 힘들 때 꺼내보면서 기운을 낸다는 이야기를 들으면, 세상 어떤 보석보다 가치 있는 것은 역시 상대를 소중하게 생각하는 마음이 아닌가 싶다.

일을 잘 하게 될수록 겸손하게

나는 고객을 생각하며 열심히 뛰는 하루하루가 보람차고 즐거웠다. 새로운 사람들을 만나는 일은 가슴이 두근거릴 정도로 내 몸과 정신에 신선한 바람을 불어넣어 주었다. 날마다 낯선 사람을 만나는 일은 스트레스가 될 것이라고 걱정했는데, 마음을 바꾸자 그것이 새로운 세계의 경험으로 다가왔다.

'역시 마음먹기 나름인가.'

누구이든 한 사람을 만나는 일은 하나의 우주를 만나는 것처럼 신비한 일이었다. 모든 사람들은 태어나고 자란 성장 배경이 다르고 성격과 기질이 다르다. 또 같은 모국어를 사용해도 언어 경험이 다르다. 직업이 다르면 마치 전혀 다른 언어를 사용하는 외계인처럼 사고방식과 마음가짐도 달랐다.

나의 경우에는 이전까진 지시하는 일에 능숙했지만 재무 컨설턴트로 일하게 된 후에는 철저하게 서비스하는 정신을 키워야 했다. 시간이 흐를수록 이 일은 정성과 노력 없이는 할 수 없는 일이라는 생각이 들었다.

한 사람은 한 가지 면으로만 평가를 내릴 수 있는 존재가 아니라는 것을 새롭게 깨달았다. 일도 마찬가지였다. 한 가지만 잘 해서는 그 일을 잘 하고 있다고 할 수가 없다. 지금 내가 이 일을 열심히 잘 하고 있으니까 앞으로도 계속 승승장구할 것이라는 생각을 할 즈음이었다. 나의 자만을 여지없이 깨는 사건이 있었다.

고객과 점심을 먹고 나서 계약서에 사인만 하면 되는데 상품설명서가 없었다. 늘 가방에 챙겨서 넣고 다녔는데 그날은 전날 점검하는 것을 깜박 잊었던 것이다. 지점에 전화를 했더니 다행히 부지점장이 전화를 받았고 팩스로 보내주겠다고 했다. 고객에게 사정을 설명하고 커피숍으로 자리를 옮겼다.

"어떡하죠? 조금만 기다려주실 수 있을까요?"

"30분 정도면 괜찮아요."

"10분이면 됩니다. 금방 올게요."

나는 바람처럼 날아서 팩스를 받을 수 있는 곳을 찾았다. 다행히 근처에 팩스를 받을 수 있는 문구점이 있었다. 다시 지점에 전화를 해서 문구점 팩스 전화번호를 알려주고 기다렸다. 1분이면 올 줄 알았던 상품설명서가 5분이 지나도록 감감 무소식이었다. 다시 지점으로 전화를 걸었다.

"부지점장님? 팩스 보내셨어요?"

"그럼 보냈지요. 아직 못 받았어요?"

"네. 번호는 맞게 보내신 거죠?"

"확실하게 보냈는데. 번호 다시 불러봐요."

번호를 다시 확인했지만 아까와 같은 번호였다.

"다시 한 번 보내주세요."

하지만 여전히 팩스에서는 아무 종이도 나오지 않았다. 시간은 10분을 훨씬 넘어 어느새 20분 가까이 지나고 있었다. 등에서 식은땀이 흘렀다. 10분이면 돌아온다고 큰소리를 치고 나왔건만 함흥차사가 돼버린 나를 기다리고 있을 고객을 생각하니 눈앞이 캄캄해졌다. 게다가 그는 평소 나의 전문성을 깊이 신뢰하고 있는 사람이었다. 나는 이번 계약은 아무 문제없을 것이라고 완전히 믿고 있었다.

'하필이면 오늘 이런 일이 일어나다니.'

나는 늘 준비를 철저하게 하는 편이었는데 어젯밤엔 왜 그랬는지 머리를 쥐어뜯었다. 하지만 일은 이미 벌어졌고 어떤 이유를 생각하더라도 그것은 변명에 불과할 것이었다. 다시 지점으로 전화를 걸려고 하는데 문구점 주인이 팩스가 이상하다는 것이다.

"저기, 이 팩스 아무래도 고장인 것 같네요."

"네에? 정말요? 어떻게 고칠 수 없나요?"

"잠깐만요. 근처에 수리점이 있으니까 전화해 볼게요."

급한 마음은 점점 심해져갔다. 1초가 1시간 같았다. 다행히 팩스 수리가 일찍 끝나서 나는 무사히 서류를 챙겨 고객에게 돌아갔다. 땀이 등에 흐르고 숨이 턱에 차도록 뛰어갔지만 이미 30분을 넘기고 있었다.

"헉헉, 아이고 죄송해요. 문구점 팩스가 고장 나서."

"그렇다고 막 뛰어오셨어요? 아이고 세상에 땀 좀 봐."

"헉헉, 30분 후에 헉헉, 약속이 있다고 하셔서……."

"하하하. 조금 늦겠다고 연락했어요."

"고, 고맙습니다."

마음이 너그러웠던 고객 덕분에 나는 그날 무사히 일을 끝낼 수 있었다. 하지만 돌아오는 길은 씁쓸했다.

'내가 언제부터 마음이 이렇게 느슨해졌나. 벌써 이러면 어쩌자는 거야.'

그날 일은 지금 생각해도 등골이 오싹해진다. 믿음 하나로 고객을 만나야 하는 일인데 스스로 생각해도 볼썽사나운 모습을 보였다는 생각이 들었기 때문이다. 한마디로 창피했다. 한 선배 컨설턴트에게 이날의 이야기를 들려주자 그는 자신의 경험담을 들려주었다.

"내가 차에 항상 포터블portable 프린터기 갖고 다니는 거 알지?"

"네. 안 그래도 물어보려고 했어요."

"언제 어디서 어떤 일이 생길 줄 모르는 법이지. 그 자리에서 계약을 성사시키지 않으면 안 될 때가 있잖아?"

그것은 나도 짧은 시간이었지만 경험으로 익히 알고 있었다. 사람의 마음은 바뀌기 쉽다. 오죽하면 고객은 늘 떠날 생각을 한다, 는 말도 있겠는가.

"마감 날이었는데 계약을 하기로 했던 선배가 갑자기 공사 현장에 가게 되었다는 거야. 그 선배만 믿고 있었는데 이틀 후에나 온다는 말에 앞이 캄캄했지. 포터블 프린터기를 사서 선배가 있는 장소를 묻고 바로 출발했지. 공사 현장이라 정신이 하나도 없는데 바위 위에 올려놓고 출력을 해서 계약을 마무리했어.”

“그런 일이 있었어요?”

“PC방에 가서 출력을 할 때도 있었는데 장소에 따라 막막해질 때가 있잖아. 그거 하나 차에 놓고 다니는 것만으로도 마음이 든든해.”

나는 그 선배의 말에 고개를 끄덕였다. 마음속으로 깊이 와닿는 게 있었다. 막상 내 일이 되기 전까지는 남의 일에 불과했던 포터블 프린터기를, 그 길로 당장 사서 차에 실었다.

지금은 현장 세일즈 마케팅 시스템이 많이 바뀌었다. 최근에는 모바일 청약 프로그램도 사용이 가능해졌다. 기기는 점점 좋아지고 있다. 노트북 화면이 180도 회전해 고객이 앉은 자리에서 화면을 확인하게 하는 것도 가능하다.

나는 태블릿 컴퓨터 등 전문적인 기기를 샀다. 전문가가 되려면 그에 맞는 투자도 필요하다고 느꼈기 때문이다. 아무리 똑똑한 컨설턴트라고 해도 고객은 그보다 더 똑똑하다. 5초 만에 이 사람이 전문가인지 아닌지 직감적으로 알아본다.

마인드와 시스템부터 달라야 한다. 명품 매장은 겉으로 드러나 보이는 모양새부터 다르듯이 자신이 어느 방향으로 갈 것인지를 결정해야 한다. 내가 보기에는 돈 몇 푼 아끼는 것보다는 좋은 기기에 투자해서 고객을 더 편하게 하고 전문성을 확보하는 것이 훨씬 낫다.

이 일은 여러 가지로 내게 배울 점을 주었다. 자신을 믿더라도 지나치게 과신하면 안 된다는 것이었다. 덕분에 나는 조금 잘 한다고 우쭐하던 마음을 버리고 더욱 겸손해질 수 있었다. 내가 아무리 완벽한 준비를 하고 있어도 예상치 못한 일이 일어날 수 있다는 것을 머리가 아니라 가슴으로 받아들이게 되었기 때문이다.

키맨을 만나는 진짜 비결

오늘 내가 취한 하나의 행동은 결코 그것만으로 끝나지 않고 반드시 또 다른 행동을 부른다. 겉보기에는 그것으로 끝난 것처럼 보여도 눈에 보이지 않는 곳에서 싹을 틔울 준비를 하고 있는 것이다.

본부별로 치러졌던 교육을 받을 때였다. 안팎으로 새롭게 자신을 변화시키느라 정신이 없었던 나는 따로 시험공부를 하지 못했다. 첫 번째 시험 성적은 40점 만점에 20점이었다. 겨우 절반을 맞추는 수준이었다.

'다음엔 좀 더 낫겠지. 처음부터 잘할 수야 있나.'

나는 스스로를 위안하며 애써 실망감을 감추었다. 그러나 아무리 제대로 공부를 안 했다고 해도 자존심이 상하는 점수였다. 다음 시험은 좀 더 신경 써서 보았다. 그러나 역시 결과는 참담했다. 두 번째는 25점, 세 번째는 30점이었다. 성적은 공부한 만큼 나오는 정직한 것이라는 걸 잊고 있었던 것이다.

'모든 것을 버리면서 이 자리에 왔는데 지금 내가 여기에서 뭘 하

고 있나.'

정신이 번쩍 들었다. 초심을 다시 되새기며 고3이 수능 준비를 하 듯 공부를 했다. 이것이 크게 내 인생을 좌우하는 시험은 아니라 해 도 최선을 다하지 않는 나의 모습은 실망스러웠다. 누구에게 보이기 위해서가 아니라 자신을 위해서 공부하기로 작정하고 작은 것 하나 도 허투루 넘기지 않고 꼼꼼하게 공부했다.

책은 자주 읽었지만 무언가를 집중해서 공부한 적은 오래되었기 때문에 글자가 쉽게 눈에 들어오지 않았다. 게다가 교육 시간에 듣 기만 하고 혼자 있을 때 따로 익히지 않으면 배운 것이 다 소용이 없 었다.

'초등학교 때부터 대학까지 공부한 것도 부족해 사회에 나와서까 지 공부라니 이래서야 죽을 때까지 공부해야 하는 거 아냐.'

혼자 끙끙거리면서 공부하다 보면, 나가서 일만 잘 하면 되지 이 런 게 과연 무슨 소용이 있을까 싶기도 했지만 다시 마음을 다잡고 밤늦게까지 책상 앞에 앉아 있었다.

'그래. 이론과 실전을 겸비해야 그게 진짜 실력이지.'

"몸으로 익혀서 뼈가 되고 살이 되고 피가 되어 세포 하나에 낱낱 이 깃든 배움이야말로 진짜다."

문득 아버지께서 어렸을 때 곧잘 하셨던 말씀이 떠올랐다. 특별한 교육 방침이 있었던 아버지는 어릴 때 나와 형이 싸우거나 큰 잘못 을 저지르면 옷을 모두 벗겨 대문 앞에 세우시고 큰 소리로 야단을 치셨다.

"너희가 뭘 잘못했는지 알아?"

대답이 조금이라도 늦게 나왔다간 불호령이 떨어졌다. 지나가던 동네 어른들이 모두 웃으며 한 마디씩 하셨지만 나와 형에게는 절대로 웃을 일이 아니었다. 아버지는 그것만으로도 부족해 발가벗은 우리 형제에게 동네를 세 바퀴씩 뛰고 오라고 시켰다.

"부끄러움이 뭔지 알아야 한다."

아버지의 평소 지론이었다. 부끄러움을 알아야 진짜 사람이라는 것이다. 온몸으로 이 사실을 터득했던 나는 그 이후로도 남에게 알려져서 부끄러울 일은 무의식적으로 경계하게 되었다.

'20점. 25점. 30점.'

나는 다시금 내 시험점수를 떠올렸다. 아무리 생각해도 부끄러운 점수였다. 숫자가 낮아서 부끄러웠던 것이 아니라 제대로 공부하지 않고 최선을 다하지 않은 나를 있는 그대로 보여주는 점수여서 부끄러웠던 것이다.

아버지는 날마다 한자를 열 개씩 외워 쓰게 하는 숙제도 내주셨는데 아무리 피곤하고 힘들어도 그것만큼은 반드시 해야 했다. 지금도 나는 해야 할 일이 있으면 잠을 잘 못 잔다. 그때의 버릇이 남은 탓이다.

내 공부법은 '요점은 반드시 기억한다'는 것이었다. 배운 분량을 다시 꼼꼼하게 살핀 후에는 '그래서 이게 뭐라고?' 하며 반드시 스스로 묻고 요점을 말했다. 한 마디로 명확하게 말하지 못하면 다시 한 번 보았다.

일단 중심 주제를 파악한 후 거기서부터 가지를 치는 식이었다. 정보의 늪에 빠져 허우적거리다가 뭐가 뭔지 모른 채 시간만 낭비하기보다 처음부터 핵심을 공략했다. 세밀한 것까지 일일이 기억하지 않아도 키워드만 기억하고 있으면 연상 작용에 의해 다음은 술술 풀렸다.

핵심어는 몇 번이고 반복해서 소리 내어 말했다. 눈으로 읽고 머릿속에 저장해 두는 것보다 귀로 듣고 기억해 두는 것이 더 생생했기 때문이다. 중요한 것은 수첩에 따로 기록해 두고 틈날 때마다 보았다.

공부한 보람이 있었는지 네 번째 시험부터는 만점을 받았다. 다음 시험도 그 다음 시험도 만점은 쭉 이어졌다.

"온대호 님, 축하합니다. 유일하게 만점입니다."

"우와아아아!"

마지막이었던 열두 번째 시험까지 8번 연속 만점을 받고 나자 같이 교육을 받던 동료들이 우레와 같은 박수를 쳐주었다. 나중에 들은 얘기지만 그들도 내심 내가 언제까지 만점 행진을 이어갈지 관심의 대상이었다고 한다.

몇 달 후 함께 일하다가 그만둔 동료에게 전화를 했다. 이런저런 안부를 묻는 말이 오간 끝에 그가 물었다.

"아직도 중앙 지점에 계신가요?"

"네. 일을 제대로 배우고 하려면 탑^{Top}인 곳에서 해야죠."

"역시. 그렇군요."

나는 그가 무슨 말을 하려는지 이때까지만 해도 짐작조차 하지 못하고 있었다.

"온대호 FC님, 부탁이 하나 있습니다."

"뭔데요? 제가 할 수 있는 일이라면 힘닿는 데까지 도와드릴게요."

"온대호 FC님께 제 보험을 하나 들고 싶은데요."

"네?"

나는 순간적으로 뭘 잘못 들었나 싶었다. 그는 얼마 전까지만 해도 나와 같은 장소에서 함께 교육을 받았던 사람이었다. 그런데 갑자기 나와 계약을 하고 싶다니. 동료였던 사람이 고객이 되겠다는 것이었다.

"제 고객이 되시겠다고요?"

"이상해요?"

"아니, 그게 아니라 너무 놀라서요."

"하하하. 저는 이미 그 일을 그만두었지만 제게도 확실한 컨설턴트가 있으면 좋잖아요."

"그런데 왜 하필이면 저한테……?"

"온대호 FC라면 뭔가 분명히 남다른 게 있을 것 같았어요."

"왜요?"

"시험 성적 하나만 봐도 알잖아요."

"그거야, 그냥 운이 좋았던 거예요."

"노력 없는 운이 어디 있습니까? 분명히 보이지 않는 곳에서 열심히 공부하셨겠지요. 그런 뜨거운 열정을 지닌 당신이라면 분명 성공할 겁니다."

그는 열심히 하라고 나를 있는 힘껏 응원해 주었다. 뿐만 아니라 자신의 고객이었던 사람들까지 내게 소개해 주었다. 동료였던 사람이 소위 말하는 키맨이 되어버린 것이다. 생각지도 못했던 일이었는데 시험 성적이 나를 알리는 일종의 마케팅이 된 것이었다.

'지금부터 어딜 가나 나는 움직이는 마케터가 되어야겠구나.'

그렇게 결심하고 난 후부터는 어떤 순간에 누가 나를 보더라도 신뢰할 수 있도록 자신감 넘치게 말하고 행동하는 생활습관을 들이기로 했다. 한순간도 내가 누구인지 무엇을 하는 사람인지 잊지 않으려고 노력했다.

모 대학에서 금융과 관련된 강의를 한 학기 수강한 적이 있었다. 수업 분위기가 좋았기에 강의가 끝나고도 자연스럽게 커뮤니티가 형성되어 사적인 자리에서 모일 기회가 생겼다.

뒤풀이로 모인 한 술자리에서 어떤 사람이 내게 다가왔다. 강의실에서 몇 번 보고 인사 정도만 나눴지 깊은 대화를 나눌 기회는 없었던 사람이었다. 이런저런 얘기 끝에 그가 물었다.

"말씀과 행동이 늘 열정적이세요. 어떻게 그렇게 삶을 열심히 사세요?"

"제가 하는 일이 너무 즐겁고 재미있어서요."

"그 일을 오래 하셨나 봐요?"

"아니에요. 마흔두 살이 되어서야 비로소 시작한 일이에요."

"용기가 참 대단하시네요."

"한 번뿐인 삶인데 제대로 살아야죠."

"당신이 누군지 항상 궁금했습니다. 실례지만 뭐 하는 분이세요?"

"FC로 일하고 있습니다."

그는 내가 일하는 업계의 어려움이 어떤 것인지 잘 알고 있었다. 진솔하게 내 이야기를 들은 그는 마흔이 넘어 새로운 도전을 한 내게 감동을 받았다면서 앞으로 힘이 되어주고 싶다고 했다.

"당신처럼 뜨겁게 몰입할 정도면 뭔가 있다는 생각이 드네요."

그분은 내게 그 이후로도 말로는 다 못할 큰 힘이 되어주었다. 내 능력을 인정해 주고 잘 알지도 못하는 나를 진심으로 믿어주었다. 이른바 내게 '키맨'이 되어준 것이다. 자기 주변의 지인들은 물론 지인들의 지인들까지 소개해 주며 적극적으로 내가 하는 일에 관심을 갖고 아무 대가 없이 도움을 베풀었다.

"이 은혜를 어떻게 다 갚지요?"

"은혜는 무슨. 온대호 FC가 살아가는 모습을 보면 제가 더 힘이 납니다."

"저도 언젠가는 꼭 큰 도움을 드리고 싶습니다."

"마음만으로도 고마워요. 앞으로 더 열심히 하세요."

그는 내가 매주 3W를 이어가는 것을 알 때마다 나보다 더 기뻐했다. 가끔 내게 힘든 일이라도 생기면 자신의 일처럼 마음 아파하며 어깨를 토닥여주었다. 컨설턴트보다 해박한 보험 지식으로 상대에게 미리 이야기를 다 해두어서 나는 사인만 하러 가면 되는 일도 있었다.

그분뿐만 아니라 그때 그 강의에서 만난 동기들은 여전히 내가 고개 숙여 감사하는 분들이다. 나 또한 그들이 필요한 것이 있으면 제일 먼저 발 벗고 나섰다. 서로 정서의 밑바닥이 통했기에 가능한 일이었다.

받은 도움은 한 번이든 두 번이든 크든 작든 절대로 잊어버리지 않고 기회가 왔을 때 반드시 더 크게 갚았다. 그러나 내가 받은 마음에 비하면 내가 그들에게 해준 것은 참 보잘것없는 것이라는 생각이 든다.

세일즈 분야에서 성공하려면 여러 가지 요소가 필요하지만 나를 자발적으로 도와주는 키맨을 반드시 만나야 한다. 키맨은 저절로 얻어지지 않는다. 마음으로 먼저 감동을 주어야 한다. 자신이 먼저 열심히 살지 않으면 고마운 키맨을 만나기는 어려운 것이다.

너 죽으면 천만 원 부조할게

이 일을 시작한 뒤 무조건 나를 지지하고 도와주는 사람들만 주변에 있었던 것은 아니다. 오랜 친구들조차 내가 재무 컨설턴트로 전업했다는 것을 알고 나면 부정적인 반응을 보였다. 때로는 직업을 바꾸라고 할 정도로 내가 그 일을 하는 것이 싫다고 말한 지인도 있었다.

하루는 고등학교 1학년 때부터 친하게 지냈던 친구를 만났다. 하고 있던 사업이 잘 돼 코스닥 상장으로 수백억을 번 친구였다.

"대호야, 요즘 어떻게 지내?"

"나 ING 갔다."

"응? ING 사장 됐어?"

"아니, 그건 아니고."

"그럼 왜? 너 CAR-TV 사장 하고 있었잖아? 망했어?"

"FC 하고 있어."

"보험 한다고? 환장하겠네."

내 말이 채 끝나기도 전에 환장하겠네, 라고 한탄하듯 내뱉은 이 친구의 한 마디에는 많은 의미가 함축되어 있었다. 이미 컨설턴트를 하고 있던 수많은 선후배와 동기들이 그를 찾아와 부탁을 했을 것이다. 그런데 오랜 친구가 보험을 한다고 했으니 얼마나 마음이 갑갑했을 것인가.

그래도 나는 담담하게 내가 전업할 수밖에 없었던 이야기를 했다. 그는 손을 설레설레 흔들면서 매몰차게 말했다.

"여러 사람한테 민폐 끼치지 말고 그냥 사업해."

그는 내게 사업가 기질이 있다며 만날 때마다 사업하라고 노래를 부르는 친구였다.

"그리고 넌 먹고살 만하잖냐. 내가 보험을 들려면 너 말고 그놈한테 해야지."

그가 '그놈'이라고 부르는 사람은 우리 둘 다 잘 알고 있는 고등학교 동창이었다. 그도 현재 재무 컨설턴트를 하고 있었는데 형편이 좋지 않다는 소식은 얼마 전에 들어 알고 있었다. 나는 그냥 묵묵히 이야기를 들었다.

나는 친구들에게는 보험 이야기를 하지 않는다는 마음속 원칙을 가지고 있었다. 원래 나를 잘 모르는 사람들은 오히려 편견 없이 이야기할 수 있었지만 오히려 친한 친구나 가까운 가족은 선입관이 더 두꺼워 그 벽을 깨기가 힘들었다.

나는 그때까지 관계를 맺고 있었던 지인들에게 의지하지 않고 완전히 다른 곳에서 새로운 인적 네트워킹을 만들었고 그것은 내 성공의 디딤돌이 되었다. 그런데 친구의 이야기를 듣는 순간 뭔가 이건 아니다 싶은 마음이 들었다. 보험에 대해 편견이 너무 강하다는 생각이 들었던 것이다.

나 또한 예전에는 그랬으니 친구를 탓하는 마음이 들지는 않았지만 사실을 왜곡해서 알고 있는 것 같아 안타까웠다. 아내에게 그랬듯이 차근차근 보험의 중요성이나 가치에 대해서 이야기를 해주고 싶었다.

'적어도 보험이 어떤 것인지는 알려주고 싶은데, 이 친구는 자기 생각이 너무 강해. 하지만 내가 이 친구에게 보험 들라고 부탁할 것도 아닌데 굳이 이런저런 이야기를 할 필요가 있을까.'

고민을 하던 내가 마음을 굳힌 것은 친구가 마지막으로 한 결정적인 한 마디 때문이었다.

"너 나한테 보험 들라고 할 거면 다시는 오지 마라."

분위기가 싸늘해졌다. 둘 다 아무 말이 없었다. 칼로 무 자르듯이 딱 잘라 말한 친구의 얼굴을 보며 나는 조용히 입을 열었다.

"좋아. 알았다. 대신 나한테 한 달에 한 번 밥이나 사라."

친구는 그제야 안도의 한숨을 내쉬며 고개를 끄덕였다.

"휴, 그거야 쉬운 일이지. 내가 아무렴 밥 한 끼 못 사겠냐."

"약속하지? 대신 내가 너 죽으면 부조 천만 원 할게. 그러니까 한 달에 한 번 밥 사는 거 잊지 마라."

"천만 원 부조한다고? 네가? 정말?"

"속고만 살았냐? 네가 밥 사면 나도 부조한다니까."

"알았어. 내가 무조건 밥 산다."

"그럼 너 여기다 사인해."

나는 가방에서 사망 시 1천만 원이 나오는 보험 계약서를 꺼냈다.

"뭐?"

"한 달에 한 번 밥 산다며? 밥 샀다고 생각하고 사인해. 수술 특약도 있어. 게다가 임플란트도 된다. 한 달에 2만9,700원이야. 밥값 치곤 싸잖아. 그러니까 얼른 사인해."

친구는 기가 막힌다는 듯 허허 웃었다. 나도 따라서 웃었다. 실없이 한바탕 웃고 나자 분위기가 한결 부드러워졌다. 나는 그제야 이야기를 꺼냈다.

"보험은 네가 생각하는 것과는 좀 다른 면이 있어. 너에게 보험 들라고 강요하거나 꼭 필요하다고 설득하려는 것이 아니라 내가 알고 있는 것을 그냥 편하게 얘기해 주고 싶으니까 한번 들어나 봐."

내 이야기를 다 들은 친구는 진지한 얼굴로 고개를 끄덕였다. 그러고는 그 자리에서 선뜻 계약서에 사인을 했다.

"자, 여기 있다. 나 평생 밥값은 다 낸 거다."

유쾌하게 웃는 친구의 얼굴을 보니 한 건의 계약을 성공시켜서 좋다는 마음보다 그가 조금이라도 보험에 대해 다른 시각을 지니게 된 것이 더 기뻤다. 사람의 선입관이 하루아침에 바뀌는 것이 아니므로 내 이야기를 한 번 들은 것만으로 그의 생각이 전적으로 바뀌지는 않았겠지만 그래도 조금 다른 입장을 알게 된 것만으로도 변화의 가능성은 있다고 보았다.

상대방이 보험을 어떤 식으로 바라보든 컨설턴트라는 직업에 대해 어떻게 생각하든, 중요한 것은 내가 일에 대한 확신을 지니는 것이다. 내가 흔들리면 다른 사람에게 어떤 이야기도 자신 있게 할 수가 없다.

이 일로 인해 비록 부정적인 사람을 만나더라도 함께 이야기를 나누다 보면 다른 방향에서 생각할 수 있고, 그것이 나를 더 넓고 크게 키운다는 것을 배웠다. 치음 보였던 친구의 냉정한 반응이 오히려 내게 도움이 되었던 것이다. 내게 도움을 주는 사람들과 나를 좋아하는 사람들 속에만 있었다면 결코 배울 수 없는 것이었다.

심장을 울리는 천 번의 노랫소리

"보험요? 이미 많이 들었어요."

"자신에게 정말 필요한 것으로 준비하셨어요?"

"몰라요. 컨설턴트가 하라는 대로 했으니 괜찮겠죠."

"그래도 한번 확인을 해보세요. 상황에 따라 받게 되는 금액이 다를 수도 있어요."

자신은 이미 필요한 것을 다 갖추었으니 더 이상의 보험은 필요 없다고 심드렁하게 말하는 사람일수록 정작 자신이 든 보험에 대해서는 잘 모르는 경우가 있었다. 보상 범위는 물론 나중에 얼마를 받게 되는지조차 관심이 없는 사람을 보면 과연 무엇을 위해 보험을 들었는지 답답한 생각이 들 때도 있었다.

그런가 하면 자산관리라는 입장에서 적은 금액이라도 꼼꼼하게 따져보고 다양한 보험 상품을 비교한 후 신중하게 결정하는 고객도 있었다. 이런 고객을 만나면 나도 최선을 다해 여러 가지 각도에서 의견을 내놓으며 앞으로의 삶에 대한 준비에 이르기까지 많은 도움을 주게 된다.

한 번 이야기를 나눈 끝에 흔쾌히 계약을 하는 고객이 있는가 하면 7전8기의 정신으로 도전하고 도전해서 계약을 이루었던 경우도 많았다. 보험은 사람을 만나는 일이다. 상품 판매를 한다는 생각을 하기 전에 그 사람이 원하는 것이 무엇인지 마음속을 잘 헤아려 살펴야 한다.

건축업을 하는 50대 남자 고객이 있었다. 약속을 해서 만날 때는 금방 계약을 할 것 같다가도 번번이 마지막 순간에 다음 기회에, 라는 말을 하고 일어섰다. 한두 번이야 그러려니 하지만 다섯 번이 넘어서자 나도 과연 그가 정말 계약을 할 마음이 있는 건지 단지 나를 시험하는 건지 의아해지기 시작했다.

그래도 내가 먼저 그만둘 수는 없었다. 그에게 도움이 될 만한 상품을 분명히 나는 알고 있었고 그도 확실하게 거절하지 않는 것으로 보아 아직 결정을 내리지 못한 채 갈등을 하고 있는 것이 분명했다. 그렇지만 어떤 확신도 없이 고객을 만나러 가는 일은 기운이 빠지는 일이었다.

'그냥 다른 사람을 소개해 드린다고 할까?'

네 번째 만남에서 아무 소득도 얻지 못하고 그냥 돌아 나오던 날이었다. 확답을 주지 않고 질질 끄는 고객을 꼭 이렇게까지 만나야 하나 싶었지만 초심을 되살리며 마음을 다잡았다.

'내가 어느새 정신이 해이해져 있었구나.'

어떤 고객이든 나와 한 번 인연을 맺은 사람은 그 누구를 막론하고 소중한 사람이었다. 그가 나와는 끝내 계약을 하지 않더라도 그와의 만남은 내게 분명 의미가 있는 일이었다. 그가 아니라면 누구에게서 '끈기'와 '인내'를 배우겠는가.

그를 만나러 가기 전에 내 마음부터 새롭게 돌아볼 필요가 있었다. 공들였던 계약을 하냐 안 하냐의 문제보다 내가 새롭게 맞닥뜨린 위기에 어떻게 대처하고 도전하느냐의 문제였다.

그날도 저녁 늦게 그를 만나러 가는 길이었다. 차 시동을 켜고 늘 듣던 음악 방송을 틀었는데 힘찬 소프라노의 목소리가 흘러나왔다. 노래를 듣는 순간 온몸에 전류가 흘렀다. 알 수 없는 에너지가 발밑에서부터 머리끝까지 관통하는 기분이었다.

조수미가 부르는, 2002년 월드컵 주제가였던 '챔피언스'였다. 전에도 몇 번 이 노래를 듣고 좋구나, 라는 생각은 했지만 이날처럼 특별하게 내 마음에 다가온 적은 없었다. 웅장한 곡의 진행과 조수미의 카리스마 넘치면서도 부드러운 보컬은 가라앉았던 마음을 순식간에 끌어올리면서 나를 다시 충전시켰다.

그날 이후 나는 CD를 사서 하루에도 열두 번씩 들었다. 슬픈 발라드 음악은 아예 듣지 않았다. 내 안의 낭만이 메말라서였다기보다 기왕이면 정신의 파장을 최대치로 끌어올려 주는 음악을 들어야겠다고 생각했기 때문이다.

이른 새벽 파란 잉크를 한 방울 떨어뜨린 듯 아름다운 하늘 아래 텅 빈 도로를 달릴 때마다 볼륨을 켜고 이 노래를 들으면 나도 모르게 오늘 하루를 어떻게 살아야 할지 새로운 다짐이 되곤 했다. 당당하게 전쟁에서 이기고 돌아온 개선장군이라도 된 것 같았다.

나는 '챔피언스'를 들으며 매일 아침 정신을 무장했다. 피곤에 절어 습관처럼 하루를 시작하는 것과 강한 다짐으로 시작하는 것은 잘 차려진 성찬을 즐기는 것과 패스트푸드로 한 끼를 때우는 것만큼의 차이가 있었다.

반복되는 일상에 기가 꺾여 있지는 않았는지, 자신도 모르게 패배의식이라는 늪에 빠져 있지는 않았는지, 어느새 매너리즘에 빠져 있지는 않았는지, 성공을 향해 자신을 단련시키기보다 게으른 동물처럼 배만 채우고 있지는 않았는지, 불꽃 튀는 토론과 대화를 나누기보다 수다와 험담으로 시간을 때우고 있지는 않았는지, 몇 번의 실패를 영원한 실패로 착각하고 있지는 않았는지 노래를 들을 때마다 엄격하게 자신을 점검했다.

어떤 날은 그를 기다리면서 스무 번 넘게 듣기도 했다. 단순히 많이 들었다는 말로는 부족했다. 집중해서 듣는 노래는 이 노래밖에 없었다. 노래를 들을 때마다 자신감과 목표가 수직상승하는 것을 느꼈다.

두 달쯤 지난 후 어느 밤늦은 시각이었다. 그에게서 급히 만나자는 전화가 왔다.

'오늘에야말로 드디어!'

나는 설레는 마음으로 피곤함도 잊고 그가 오라는 장소를 찾아갔다. 조명이 낮은 조촐한 술집이었는데 내가 도착하기 전에 이미 술을 몇 잔 마셨는지 조금 취해 있었다. 나는 원래 술을 마시지 않는다. 술도 못 마시면서 술집에서 몇 시간씩 있어야 하는 것은 괴로운 일이었다. 게다가 그는 술에 취해 나를 붙잡고 자기 이야기만 한도 끝도 없이 늘어놓았다.

계약은커녕 계약의 '계' 자도 꺼내지 못하고 꼼짝없이 이야기를 들을 수밖에 없었다. 그래도 나는 아무 말 없이 이야기를 들었다. 그날따라 그는 유난히 '고독하다' '외롭다' '내 마음을 알아주는 이가 아무도 없다'는 말을 많이 했다. 오죽하면 가족도 친구도 아닌데다가 술도 못 먹는 나를 불러 자신의 속내를 털어놓나 싶었다.

평소 같으면 핑계를 대고 자리를 떴을 텐데 그날은 그 사람 옆을 지키고 싶었다. 내가 옆에서 이야기를 듣는 것만으로도 그의 마음이 풀린다면 얼마든지 내가 할 수 있는 일이라는 생각이 들었다.

새벽에 그와 헤어져 집으로 돌아오는데 괜스레 마음이 짠했다. 그를 둘러싼 돈과 사업과 일들이 과연 그에게 무슨 의미가 있는가 싶었던 것이다. 볼륨을 크게 해놓고 목청껏 '챔피언스'를 따라 불렀다.

"너와 나 지금 여기에 두 손을 마주잡고 찬란한 아침햇살에 너의 다짐 새겨봐. 멀지 않아 우리 함께라면 위 아 더 챔피언스 끝내 이기리라~

아~ 챔피언 이제는 우리 하나 되어 저 끝없이 펼쳐진 대지 위를

달려라~ 영광의 승리를 우린 이룰 거야 위 아 더 챔피언스 우리
는 할 수 있어."

나는 그가 용기를 내 다시 한 번 삶을 돌아보고 챙기기를 바랐다.

그 후로 그는 다시는 나를 술자리로 불러내지 않았다. 나 또한 이
따금 그에게 안부 전화를 넣었을 뿐 계약에 대해서도 그날 일에 대
해서도 입을 열지 않았다. 그를 처음 만난 날은 여름이 거의 끝나가
던 8월 말이었는데 어느새 12월 중순이 되었다. 한두 주에 걸쳐 만
나다 보니 어느새 계절이 바뀌고 바뀌어 겨울이 되어 있었던 것이
다. 그에게서 만나자는 연락이 왔다.

나는 만사를 제쳐두고 사무실로 찾아가 하루 종일 그를 기다렸다.
곧 돌아온다던 그는 두 시간이 지나도 세 시간이 지나도 좀처럼 사
무실로 돌아올 생각을 하지 않았다. 속이 탔다. 이번 주에 목표로 세
운 금액을 다 채우지 못한 상태였다. 마감 시간이 다가오고 있었다.

나는 속으로 '챔피언스'를 불렀다. 그를 만나러 올 때마다 얼마나
반복해 들었는지 전주는 물론 중간 간주까지 머릿속으로 생생하게
재생할 수 있을 정도였다.

마침내 그가 돌아왔다. 마감 한 시간 전이었다.

"아니 아직도 기다리고 있었어? 늦어서 간 줄 알았네."

'이게 무슨 소리인가. 오라고 할 때는 언제이고.'

남의 타는 속도 모르고 그는 태평한 말만 하고 있었다. 나는 마음

을 다잡았다. 오늘이 아니면 내년으로 넘어갈 텐데 어떻게 해서든 결판을 내야 했다.

"오실 때까지 기다릴 작정이었어요. 오늘은 사인을 하셔야죠."

"그게 말이야……."

한참 뜸을 들이던 그는 여전히 자신이 생각한 액수 이상은 할 수 없노라고 했다. 그가 제시한 금액은 내가 생각했던 것의 5분의 1밖에 되지 않았다.

"그거라도 좋으면 하고. 싫으면 말고."

나는 안타까웠다. 문득 나를 앉혀 놓고 이런저런 자신의 마음을 토로하던 그날이 생각났기 때문이었다. 그는 예전보다 주름살도 깊어지고 얼굴도 피곤해 보였다. 돈도 충분히 버는 사람이었고 가진 재산도 많았지만 마음에 뭔가 큰 짐을 지고 있는 사람처럼 보였다.

내가 할 수 있는 일은 좋은 보험 상품을 알리는 것이었지만 꼭 그것이 아니더라도 무엇이든 그에게 도움이 되는 일을 해주고 싶었다.

'지금 이분에게 가장 도움이 될 말은 무엇일까?'

나는 그의 마음을 느껴보려고 정신을 집중했다. 문득 그날 그가 지나가던 말처럼 넋두리를 했던 그의 딸이 생각났다. 그에게는 마음에 걸리는 딸이 있었는데 늘 그의 마음 한 구석에서 걱정거리였다.

"사장님이 돌아가시고 나면 누가 따님을 책임집니까?"

나는 담담하게 말을 꺼냈다. 그의 얼굴 표정이 순식간에 슬프게 변했다. 우리는 아무 말이 없이 앉아 있었다. 내 생애 그렇게 긴 몇

분은 처음이었을 것이다. 벽에 걸린 시계바늘 소리가 탱크 소리보다 크게 들려왔다. 하지만 그의 아픈 마음이 너무나 절절하게 느껴져 꼼짝도 할 수 없었다.

"그래서 자네는 방법이 있는가?"

나는 이미 골라두었던 연금 중에서도 최대한 도움이 될 만한 것을 골라 그에게 간곡하게 설명하기 시작했다. 내 말이 끝나기 무섭게 그는 고개를 끄덕였다.

"알겠네."

마감 5분 전 나는 팩스로 서류를 보냈다. 돌아오는 길에 다시 주수미의 '챔피언스'를 틀었다. 예전에 듣던 것과는 전혀 다른 기분이었다. 신나게 목이 터져라 따라 불렀다.

그 후에도 나는 아침에 출근할 때나 힘들 때나 마음이 가라앉을 때마다 '챔피언스'를 반복해서 들었다. 백 번, 아니 천 번 이상은 들었을 것이다. 특히 고객과 중요한 약속을 할 때면 한 시간 전에 미리 도착해서 노래를 한두 번 정도 듣고 나서야 고객과의 미팅에 들어갔다.

지금도 여전히 이 노래를 들으면 가슴이 두근거리고 심장이 울린다. 노래를 반복해서 들을 때마다 나는 그분 생각을 하며 다짐한다. 언제나 고객이 가장 필요로 하는 부분을 잊지 말자고.

죽도록 노력해본 적이 한 번이라도 있는가

열정과 욕심은 다른 것이다. 나는 헛된 꿈을 꾸는 것보다 눈앞의 작은 일부터 차근차근 해나가고 싶었다. 마음만 앞서서 조급해하기보다 하나의 계약에 감사하고, 그것을 발판으로 삼아 더 큰 무대에 도전하고 싶었다.

처음 교육을 받는 동안 빠른 시간 안에 성공을 이룬 사람들의 이야기를 많이 들었다. 그러나 나는 그들의 이야기를 들으며 분위기에 휩쓸리기보다 오히려 냉정해지려고 노력했다. 과정 없는 결과는 없다고 생각했기 때문이다.

다이아몬드처럼 찬란하게 빛나는 업적과 성과를 듣다 보면 결과에만 신경을 쓰게 되고 과정을 잊어버릴 위험이 컸다. 땀과 눈물을 흘리지 않고 성공하기를 꿈꾼다면 그건 그저 헛꿈에 불과했다.

"인생은 한 번입니다. 되는대로 살고 싶지 않았습니다."

"언제까지 남의 밑에서 일하지는 않을 거라고 결심했습니다."

"인생의 마지막 승부수를 띄우고 싶었습니다."

입사 동기들은 재무 컨설턴트라는 직업을 선택한 동기를 이렇게 말했다. 교육을 받을 때 성공을 희망하는 그들의 눈은 어두운 밤의 숯불처럼 빛났고 가슴은 누구보다 뜨거웠다.

선배 컨설턴트들이 처음 일을 시작했을 때도 역시 그들의 동기 또한 그러했을 것이라는 생각이 든다. 그러나 결국 많은 사람들이 중도에 탈락하고 만다. 대부분 이런 말들을 하면서 결의에 찬 시작은 언제인지 기억도 못하고 일을 그만둔다.

"내가 정말 원하는 일이 이것이었는지 모르겠어."

"매일 낯선 사람들을 만나야 한다는 게 너무 피곤해."

"적더라도 꼬박꼬박 나오는 월급을 타던 시절이 그리워."

이런 이야기들을 들으면, 순간적으로 성공에 대한 열망에 불타오르다가도 금세 시들해지는 것이 인간의 마음이라는 생각이 든다. 한 동료는 교육이 끝나기 전에 그만두면서 이런 말을 했다.

"성공만 좇으며 살기에는 인생이 아깝다는 생각이 든다."

나는 오랫동안 그 말을 반추했다.

'정말 그런 걸까? 성공하지 않고도 행복한 삶을 살 수 있는 걸까?'

하지만 곧 이런 물음 자체가 부질없다는 생각이 들었다. 성공만이 행복의 지름길은 아니라는 걸 누구나 알고 있다. 하지만 내가 추구하는 성공이 두 눈이 시뻘겋도록 욕망을 추구하는 삶인 것 또한 아니었다. 다만 나는 나 자신에게 물었다.

'온대호, 네가 원하는 성공이 무엇이든 그것을 이루기 위해 한번 죽도록 노력해 보지 않고도 행복할 수 있나?'

나는 고개를 흔들었다. 돈, 명예, 권력, 사랑, 일, 가족, 평화, 봉사 그 어떤 것이든 원하는 것을 위해 혼신의 힘을 다해 달려보지 못한 인생이야말로 보잘것없는 삶이라는 생각이 들었다.

열정이 없는 삶은 너무 쓸쓸한 인생이다. 만약 내가 진정 자신이 원하는 삶이 무엇인지도 모르고, 하고 싶은 일도 모르고, 어디에서 재미를 느끼는지조차 알지 못한다면 내 삶은 어떤 의미가 있단 말인가?

나는 좀비가 아니었다. 깨어 있고 살아 있고 정신과 영혼을 지닌 인간이었다. 맹렬하게 몸 안을 돌던 피가 멈추는 순간 인간의 육체가 차갑게 굳고 썩기 시작하는 것처럼, 내 안의 열정이 사라지면 온대호라는 인간의 정신은 약해지는 거라고 믿었다.

교육 기간 내내 나는 하루도 빼놓지 않고 나 자신에게 물었다.

'온대호, 지금 네 열정은 계속 움직이고 있냐?'

'뜨겁게 눈이 빛나고 있나? 심장이 힘차게 뛰고 있나? 행동하기 위해 발이 춤추고 있나?'

'이 일을 시작한다는 생각만으로도 너무 즐거워서 얼굴에서 저절로 빛이 뿜어져 나오고 있나?'

나는 머리에 쌓여가는 지식보다 더 많이 시도하고 도전하고 움직여야 한다고 믿었다. 인생이란 주저하는 순간 한 방에 훅 가는 것일지도 몰랐다. '안 해요'는 버리고 '못해요'도 잊고 성공의 흐름 속으로 과감히 뛰어들어 될 수밖에 없는 상황 속으로 나를 옮기겠노라,

성공의 로드맵을 그리고 적극적으로 성공지도를 만들겠노라고 결심했다.

사랑에도 유통기한이 있는 것처럼 내 안의 열정도 돌보지 않으면 희미해지는 것이었다. '나도 한때 꿈이 있었던 적이 있지'라는 말로 자신을 위로하지는 않기로 했다. 나의 소중한 삶으로 삼류 같은 신파는 죽어도 쓰고 싶지 않았다. 이 순간 내 열정을 올림픽 성화보다 소중히 여기고 싶었다. 나는 내일 죽을 날짜를 받아놓기라도 한 사람처럼 하루를 열심히 보냈다. 영원히 살 것처럼 꿈꾸고 내일 죽을 것처럼 오늘을 살았다.

처음 받는 교육이 끝나는 마지막 주에 사업계획서를 쓰는 시간이 있었다. 면접을 본 날 이후부터 늘 나를 보면 안부를 묻고 잠깐이라도 대화를 나누곤 했던 지점장이 나를 따로 불렀다.

"교육은 어떻습니까?"

"처음엔 뭐가 뭔지 몰랐지만 이젠 점점 재미있네요."

"FC로서 목표가 생겼습니까?"

"일단 첫 주에 3W를 하는 것부터 시작해야죠."

"신인상에 한번 도전해 보죠."

"신인상요?"

"연간 챔피언은 해마다 기회가 있지만 신인상은 생애 한 번뿐인 것이니까 더 큰 의미가 있지 않겠습니까?"

컨설턴트로 첫 계약을 하러 나가는 것은 고사하고 교육이 끝나기도 전인데 신인상이라니 나는 지점장을 그냥 멀뚱히 쳐다보기만 했다. 지점장은 하하하, 웃으며 말을 이었다.

"왜요? 가능성이 없어 보입니까?"

"가능성보다는 아직 일을 시작도 안 했는데 그런 말씀을 하시니 좀 놀라서요."

"그만큼 저는 온대호 FC에게 거는 기대가 큽니다."

나 또한 그때는 스스로에게 거는 기대가 컸다. 그만큼 나는 일하고 싶은 열정으로 가득 차 있었다. 그는 지긋이 웃으며 나를 바라보았다.

"누가 권해서 FC가 되셨습니까?"

"아니요. 제가 생각하고 스스로 내린 결정이었지요."

"그럼 아는 FC가 있어서 우리 지점에 오셨습니까?"

"그것도 아니지요. 실적이 가장 뛰어난 챔피언 지점이니까 왔지요."

"바로 그겁니다. 온대호 FC는 남의 말에 흔들리지 않아요. 전 자신이 결정하고 행동으로 옮기는 당신의 능력을 믿습니다. 한번 도전해 봅시다."

"알겠습니다. 해보지요."

대답을 하자마자 목표가 생긴 것이나 다름없었다. 그때가 2007년 5월 말이었다. 일을 시작한 달은 6월이었으므로 벌써 한 해의 절반 정도가 지나간 셈이었다. 신인상을 타려면 남들보다 두 배 이상은 더 뛰어야 했다. 그 해의 신인챔피언이 되려면 월 납입 보험료가 누적 2억 원은 될 정도로 청약을 거둬야 했다. 첫 달부터 목표를 크게 잡는 방법밖에는 없었다.

첫 달 목표액은 2천, 그 다음 달은 3천, 그 다음다음 달은 4천, 한 달마다 목표액을 꾸준히 늘려가기로 작정했다. 당장 첫 달의 목표를 생각하니 막막했지만 단순하게 생각하기로 했다.

'그래. 하면 되는 거지. 신인상에 도전하자!'

일에 대한 고통과 번뇌는 남들만큼 느끼더라도 생각은 쉽게 하기로 했다. 생각부터 암초에 걸려 무너지면 시작도 하기 전에 자기가 만든 한계에 스스로 굴복하게 될 것이라고 여겼다. 그렇게 마음먹고 나니 하루도 쉬지 않고 폭풍우처럼 휘몰아치는 행동의 시간이 시작되었다.

3W만으로는 충분치 않다

'내가 언제까지 이 일을 계속할 수 있을까?' '이 일이 아닌 다른 일을 찾을 수 있을까?'

우리나라가 IMF 구제금융을 받은 이후로, 직장인이라면 누구나 한 번쯤은 생각해 봤을 물음이다. 위기의식과 불안을 몸의 혹처럼 달고 다니던 나는 마흔이 넘어 새롭게 재무 컨설턴트에 도전했을 때, 전보다 몇 배 더 혼신의 힘을 다할 수밖에 없었다. 새로운 무대에 도전하는 것은 말처럼 쉬운 일이 아니었다. 뼛속까지 내려가 충분히 생각한 후에 내린 결정이긴 했지만 굳은 결심만으로 장밋빛 미래가 보장된다고는 생각지 않았다.

아침잠, 둔한 몸, 안주하려는 소극적 태도, 기득권 의식을 버리고 외모와 체질과 마음가짐을 바꾸기를 두 달. 그 이후부터 나는 미친 듯이 일에 몰입했다. 모든 열정을 쏟아 부으면 2년 안에 승부를 낼 수 있다고 믿었다.

아침 7시 전에 출근해서 밤 11시가 넘어서 퇴근하는 세븐 일레븐의 날들이 이어졌다. 식당에서 밥 먹는 시간이 아까워 차 안에서 끼니를 해결하는 날도 많았다. 만두와 김밥과 샌드위치는 늘 차 안에 두고 먹는 3종 세트였다. 하루에 두세 시간밖에 자지 못하는 날도 있었다.

그런데 신기한 일이 일어났다. 내가 그동안 쓰지 않고 묻어두었던 내 안의 에너지를 꺼내 쓰면 쓸수록 더 크고 강한 에너지가 샘솟기 시작했던 것이다. 내 눈은 더욱 빛났고 몸에서는 팽팽한 기운이 뿜어져 나왔다.

한 주 3W를 성공하면 다음 주 월요일 전체 모임 때 동료들 앞에서 연설할 기획이 주어졌다. 자연스럽게 나는 매주 사람들 앞에 섰다. 다음 주엔 어떤 말을 할까 고민하는 것은 새로운 즐거움이었다. 그 즐거움은 새로운 에너지가 되어 나를 충전시켰다.

"버리고 바꿔야 새로운 자신을 만날 수 있습니다."

"계약보다 먼저 생각해야 하는 것은 고객의 마음에 귀를 기울이는 진정성眞正性입니다."

"성공은 습관입니다. 실패와 좌절로 향하기 쉬운 우리의 몸과 마음을 먼저 돌려야 합니다."

거창한 연설은 아니었지만 진짜 내 경험에서 우러난 말들은 '온대호 어록'이라 불리며 회자되기도 했다. 사람들은 내 이야기가 끝나면 열렬하게 박수를 치면서 오히려 내 기운을 북돋아주었다. 그럴 때마다 그들이 공통적으로 내게 하는 말이 있었다.

"기 좀 받읍시다."

하지만 그들과 악수를 하고 박수를 받을 때마다 기를 받는 쪽은 오히려 나였다. 사람들의 칭찬과 인정과 지지만큼 내게 큰 힘이 되는 것은 없었다. 나는 동료들의 따뜻한 격려 속에서 하루하루 성장할 수 있었다.

재무 컨설턴트는 어찌 보면 고독한 직업이다. 팀으로 하는 일이 아니라 철저하게 개인이 알아서 하는 일이기 때문이다. 결과도 소득도 모두 자기가 일궈내고 책임져야 한다. 그렇기 때문에 자유로운 면도 분명히 있지만 혼자 돌아다니는 일이 많으니 하루 종일 낯선 사람들 속에 있는 날이 많다.

아침에 동료들과 서로 기를 주고받는 일은 약해지고 외로워지는 마음을 다시 일으켜세우는 힘이 되었다. 하루는 입사 동기가 웃으면서 내게 이런 말을 했다.

"온대호 FC를 보면 늘 힘이 나요. 나도 당신처럼 신나게 일하고 싶어요."

"그런 말을 들으니 내가 더 고맙네요."

"우리 더 열심히 하자고요."

"그래요. 더 뜨겁게 일합시다."

나는 칭찬받는 것을 좋아한다. 내가 좋아하기 때문에 다른 사람들한테도 칭찬을 자주 하는 편이다. 아부가 아닌 진심어린 칭찬은 서로를 기분 좋게 하는 것에서 끝나지 않고 더 큰 힘을 발휘할 수 있도록 하는 원동력이 되었다.

업적도 업적이지만 사람들로부터 나오는 만족감도 내게는 큰 동기부여가 되었다. 누군가에게 자신을 인정받고 싶어 하는 것은 인간의 본능이다. 나는 더 열심히 일했고, 매일 매일이 나에게는 능력의 시험 무대가 되었다.

부동산 컨설팅을 하는 지인의 소개로 고급 빌라만 지어서 분양하는 건설사 회장을 만난 적이 있다. 그는 자식들에게 물려줄 건물을 지으려는 참이었다. 보험 계약과는 상관없이 나는 자산관리 입장에서 그에게 여러 차례 조언을 했다.

어느 날 그의 사무실에 갔는데 그의 책상에 ING 달력이 있었다. 나 말고도 이미 그에게는 전담 컨설턴트가 있다는 증거였다. 달력을 보고 있는데 그가 갑자기 나보고 말을 했다.

"하나 짜와 봐."

"네?"

"지금 나한테 맞는 거 있을 거 아냐."

나는 그에게 필요한 것이 무엇일지 늘 생각해 왔던 터라 상속세 준비가 포함된 좋은 조건으로 가입할 수 있는 상품을 하나 소개했다. 내 설명이 끝나기도 전에 그는 불쑥 한 마디를 했다.

"됐어. 10년 후에 현금을 더 쓰라는 거지? 변액은 신경 쓰이니까 고정금리로 해."

그는 그 자리에서 2천만 원짜리 계약서에 사인을 했다.

3W를 꾸준히 하는 것 말고도 이렇게 금액이 큰 계약을 해내는 것이 내게는 더할 나위 없이 큰 힘이 되었다. 보험 업계에서 3W를 1년 이상 꾸준히 하면 MDRT(연 수입 1억 원 정도)를 달성할 수 있다고 하지만, 3W가 아니고도 연 수입 1억 원을 달성할 수 있는 방법은 있다. 바로 VIP 시장을 공략하는 것이다. 컨설턴트들은 대부분이 두 가지 중 하나를 택해서 행동에 옮기지만, 나의 경우에는 두 가지를 병행했다.

"그런데 말이야, 뭘 믿고 그렇게 당당해?"

"네?"

"내가 뭘 물어보든지 막힘이 없어. 항상 준비된 것처럼 줄줄 나오잖아."

"그거야 늘 회장님께 도움이 될 일을 생각하니까 그렇죠."

"내 자식도 아닌데 뭘 그렇게 생각해?"

"하하하. 누군가에게 도움이 되는 일을 하는 게 즐거워서요."

"그래?"

"제 별명이 해결사거든요."

"그렇게 자신감이 넘치는 근거가 뭐야?"

나는 빙긋 웃으며 대답했다.

"근거 없는 자신감이 제 자신감의 원천이에요."

"싱겁기는."

회장은 소탈하게 웃으며 내 어깨를 툭툭 쳤다.

"그래서 좋아. 언제나 에너지가 넘치거든. 보고만 있어도 기운이 나."

나로 인해 힘을 받는 사람을 보는 일은 언제나 기쁘다. 그 사람이 동료든 고객이든 가족이든 도움이 되는 사람, 쓸모 있는 사람이 된 것 같은 기분은 나를 계속해서 움직이게 한다.

나는 금융이라는 하나의 포지션에 만족하지 않고 부동산 컨설팅까지 아우르며 끊임없이 움직였다. 이 일을 시작하기 전에도 나는 꾸준히 부동산에 관심을 가졌다. 당장 집을 살 형편이 아니었을 때부터 모델 하우스를 보러 다니고, 복덕방에 정기적으로 방문해서 가장 좋은 아파트를 보여 달라고 해서 최근에 가장 잘나가는 아파트 트렌드를 마음속뿐만 아니라 눈으로도 익혔다.

고객들에게 부동산과 관련한 조언을 꾸준히 한 덕인지 컨설턴트를 시작하고 난 지 석 달 후에는 고객이 나서서 스스로 지인을 소개하는 '해피콜'이 들어오기 시작했다. 자신의 지인과 함께 나온 고객들은 이런 말을 했다.

"온대호 FC를 만나고 돌아가면 하루 종일 기분이 좋아요."

"제가 잘 해드리는 것도 없는데요."

"꼭 뭔가를 해주어서가 아니라요, 함께 대화를 하고 만나는 것만으로도 힘을 받거든요. 전 오늘도 기 받아갑니다."

"하하하. 고맙습니다."

내가 일하는 것을 보고 한 간호사는 자신의 친구를 재무 컨설턴트로 일할 수 있도록 소개한 일도 있었다. 고객이 원장으로 있는 병원에 갔을 때였다. 간호사들이 여러 명이어서 일대 일이 아니라 그룹으로 모아 보험 전반에 대한 설명을 한 후 '생애 설계 프로그램'이라는 제목으로 세미나를 했다. 간호사들의 소득은 그리 많은 편이 아니었다. 다들 목돈을 만들고 싶어 하긴 했지만 어떻게 운용을 해야 할지 모르는 상태였다.

여러 사람이 모여 있을 때는 한 사람에 의해 분위기가 좌지우지되는 경우가 많다. 긍정적인 반응을 보이며 누군가 하겠다고 하면 대부분 따라하지만 별거 아니라는 식으로 한 사람이 부정적인 반응을 보이면 전체 분위기도 거기에 휩쓸리는 법이다. 나는 최선을 다해 설명을 하고 반응을 기다렸다.

"하나씩 하는 것도 괜찮지 않아?"

제일 먼저 말을 꺼낸 사람은 수간호사였다. 간호사들과 세미나를 갖기 전에 수간호사와 먼저 안면을 트고 이런저런 이야기를 나눈 상태였다.

"게다가 이분이라면 틀림없어."

"그럴까요? 강의도 아주 재미있었어요."

"보험은 어렵고 까다롭다고만 생각했는데 하나씩 알고 보니 쉽게 이해가 되네요."

다섯 명 전원이 계약을 했다. 나중에 수간호사에게, 몇 번 이야기를 나눈 것밖에 없는데 나를 어떻게 믿고 그런 이야기를 했냐고 물어보았다.

"그거야, 사람을 보면 알지요."

"어떻게요?"

"이래봬도 10년 이상 하루에 수십 명씩 사람을 만나고 대하는 일을 해왔어요. 그 사람의 눈빛이나 말하는 것만 봐도 진짜인지 아닌지 알 수 있어요."

삶의 연륜이 묻어나는 그녀의 얼굴을 보며 난 궁금한 걸 물었다.

"저는 어때요?"

"정말 열심히 사는 사람이잖아요. 정말 최선을 다하며 사는 사람은 자신도 모르게 남에게도 그 기운을 주는 법이에요."

그 수간호사는 그 다음에도 여러 차례 자신의 지인을 소개해 주었다. 그때마다 나로 인해 기운을 받는다는 말을 잊지 않고 했다. 나로부터 기를 받는 사람들이 있는 것은 당연히 기쁜 일이었지만 그들로 인해 내가 더 기를 받아 일을 잘 하게 되었으니 오히려 감사할 일이다.

딱 한 주만 쉬었으면

'올해의 루키상'을 목표로 뛰겠다고 쉽게 생각했지만 그것을 이루기 위한 행동 과정은 고통스러웠다. 1천만 원 계약을 위해 몇 달을 기다리기도 했다. 특히 금액이 큰 계약은 신뢰가 없으면 절대로 이루어지지 않았다. 늘 고객 감동을 생각하고 새로운 아이디어를 떠올렸다. 일은 어려운 만큼 재미도 있었다.

까다로운 고객도 만났고 내 일을 나보다 더 열성적으로 도와주는 고객도 만났다. 천 번이 넘도록 '챔피언스'를 들으며 끊임없이 정신을 끌어올렸다. 한 주도 빠짐없이 3W를 해냈다. 목표한 금액을 채우기 위해서가 아니라 일하는 습관을 들이기 위해서라도 매주 3W를 하는 것은 내게 중요한 일이었다.

하지만 30주 연속 3W를 이루고 나자 한 주만 쉬고 싶다는 생각이 들었다. 계속해서 기록을 이어나가는 것도 의미가 있었지만 6개월 가까이 하루도 쉴 날이 없을 정도로 일을 해왔기 때문에 재충전이 필요하다는 생각이 절실했다. 하지만 여기에서 손을 놓아버리면 가뜩이나 멀리 있는 신인상은 더 멀어질 뿐이었다.

'까짓것, 신인상이 뭐 그렇게 중요한가? 내가 열심히 일하고 있는 게 중요하지.'

나는 온몸으로 피로를 느끼고 있었다. 한 주만 쉬고 싶다는 말이 목구멍 끝에서 맴돌았다. 문득 창밖을 내다보는데 멀리 꼬리에 꼬리를 물고 서 있는 차들의 행렬이 보였다. 오후 시간이었는데 벌써 교통 체증이 시작되고 있었다.

'다들 어디를 저렇게 가는 것일까?'

그동안 컨설턴트로서 뛰어온 숨 가쁜 시간들을 돌아보았다. 한 번도 쉬지 않고 모든 열정을 쏟아 부었기에 후회는 없었다. 그런데 조금 쉬어가고 싶다는 생각이 들었다. 피로가 많이 쌓인 탓도 있었지만 정신의 피로감도 누적된 상태였다. 신인상도 좋지만 일에 과도하게 몰두하다가 탈진하여 번 아웃^{burnout} 상태가 되면 그것은 더 큰 문제였다.

"당신 요즘 너무 바쁜 거 알아?"

"연말만 지나면 괜찮아질 거야. 나중에 시간 내서 여행이라도 가자."

"여행은 고사하고 당신 얼굴이나 자주 보면 좋겠다."

아내가 한 집에 살면서 얼굴 보기조차 힘들다고 말한 게 며칠 전이었다. 마음이 약해지자 한 번도 하지 않았던 생각들이 가슴속에서 튀어나오기 시작했다.

'지금까지 한 주도 쉬지 않고 3W를 하고 있었지만 연속적으로 기

록을 이루려고 애를 쓰는 것보다 중간에 끊어지더라도 꾸준히 오래 계속하는 것이 더 중요한 것은 아닐까?'

마침 자리에 있던 부지점장이 복잡한 표정을 하고 있던 나를 보고는 이런 내 마음을 눈치 챘는지 내게 차나 한잔 하자고 권했다. 뭔가 할 이야기가 있는가 싶었는데 그는 엉뚱하게도 이솝 우화 이야기를 꺼냈다.

"최근에 말이에요. 딸아이가 밤마다 이야기책을 읽어 달라고 하지 뭐예요."

"직접 읽어주세요? 좋은 아빠시네요."

나는 최근 아들 녀석의 잠자는 얼굴밖에 본 기억이 없어서 더욱 마음이 침울해졌다. 내가 비행기 태워주는 것을 무엇보다 좋아하는 아이였다. 아이하고 놀아준 게 언제였는지 기억조차 아득했다.

"혹시 이솝 우화에 나오는 여우와 신포도 이야기 아세요?"

"여우와 신포도요? 어렸을 때 읽은 것 같기도 하고."

그는 어제 읽은 이야기라면서 들려주었다.

여우가 숲속을 지나가다가 포도나무를 발견했다. 잘 익은 포도가 나무 가득 주렁주렁 열려 있었다. 빛깔도 아름답고 바람에 실려오는 향기도 달콤했지만 여우의 손이 닿기에는 너무 높은 곳에 있었다. 여우는 잠깐 포도나무 아래에서 서성거리다가 어떻게 하면 포도를 먹을 수 있을지 고민했다. 손을 최대한 뻗어 깡충거리며 뛰었지만 포도는 여전히 손에 닿지 않았다. 힘껏 포도나무를 흔들어보았지만 포도는 살짝 흔들거리기만 할 뿐 떨어질 기미조차 보이지 않았다. 여우는 두리번거리다가 나뭇가지를 하나 발견해서 가장 가까운 곳에 있는 포도송이를 건드리다가 못내 아쉬운 얼굴로 발걸음을 옮겼다. 이렇게 중얼거리면서.

'저 포도는 아직 안 익었을 거야. 색과 냄새는 그럴 듯하지만 따 먹으면 분명히 신맛일 거야. 그러니까 내가 땀을 뻘뻘 흘리면서 저 포도를 따려고 고생할 필요는 없지. 덜 익은 포도 때문에 내가 왜? 참 나, 누가 속을 줄 알고.'

여우와 신포도 이야기를 마친 그는 이렇게 덧붙였다.

"포도는 분명히 다 익어서 누군가가 따 주기만 기다리고 있었을 텐데요. 여우가 포기하지 않고 한 번만 더 노력했다면 신포도 운운하며 초라한 뒷모습을 보이는 대신 마음껏 달콤한 포도를 만끽했겠지요."

마음속으로 아하, 하는 울림이 왔다. 그가 굳이 내게 이 이야기를 하는 의도를 알 것 같았다. 남들보다 조금 더 앞서간다고 이 정도면 되겠지 하는 교만한 마음에 사로잡혀 있었던 것이다. 여우가 좀 더 노력하지 않고 포기했던 것처럼 나 또한 신인상은 내 것이 아니라며 쉽게 포기하려고 했던 것이다.

사실 신인상을 안 타도 된다는 것은 핑계에 불과했다. 그냥 나는 힘들다는 이유로 중간에 포기하고 싶었던 것이다. 부지점장이 다시 물었다.

"온대호 FC님, 요즘 어때요? 건강은 잘 챙기고 있어요?"

"사실은 좀 피곤해서 한 주만 쉬고 다시 시작하고 싶었어요."

"지금껏 하루도 쉬지 않고 달려온 셈이니 그런 마음이 드는 것도 무리는 아니지요."

"일은 재미있지만 자신의 극한 한계치까지 승부수를 걸어야 하는 것 같아요."

"하지만 곧 연말 결산이고 신인상 자리도 눈에 보이는데 여기에서 포기하기는 아깝지 않나요?"

나는 말없이 고개를 끄덕였다. 이제 마지막 한 달이 채 남지 않았던 것이다.

"그냥 가봅시다. 위기가 왔다고 해서 그대로 포기하기보다 진짜 온대호 FC의 능력이 어디까지인지 시험해 보는 기회가 왔다고 여겨보죠."

"기회요?"

"그럼요. 기회지요. 여기까지 온 것도 대단하지만 조금 더 나아가면 분명히 더 큰 것을 이룰 수 있다고 믿습니다."

부지점장의 격려와 응원은 내게 큰 힘이 되었다. 나약해지려는 자신을 다잡아 나는 다시 시동을 걸었다. 주말이 지나기 전에 3W를 끊지 않고 이뤄냈다. 위기를 이겨낸 일은 내게도 정신적인 성장을 가져왔다. 이 3W가 컨설턴트 시절뿐만 아니라 부지점장, 지점장이 돼서도 내 인생 최고의 훈장 중 하나로 든든하게 함께 할 수 있었다.

위기는 언제든지 올 수 있다. 일이 잘 풀릴 때도 안 풀릴 때도 상관없이 온다. 내가 아무리 뛰어난 능력이 있었다 해도 위기가 오는 것 자체를 막을 수는 없었다. 그보다 더 중요한 것은 내가 포기하느냐 안 하느냐에 달려 있었던 것이다. 무엇보다 나는 자신을 초라한 여우로 만들고 싶지 않았다.

위 아 더 챔피언스 We are the Champions

　　한 번의 큰 정신적 위기를 겪어낸 나는 더욱 일에 박차를 가했다. 위기는 오히려 기회라는 말은 사실이었다. 스스로 위기에서 탈출했던 경험은 다음번에 어떤 힘든 일을 만나도 쉽게 극복할 수 있는 자산이 되었다. 힘들 때일수록 쉽게 놓지 않고 죽을 마음으로 이어서 하면 새로운 경지가 열린다는 것도 알았다.

　　당시 내가 있던 중앙 지점은 2006년 ING 챔피언 지점이었다. 그것이 내가 중앙 지점을 찾아갔던 단 하나의 이유였다. 2007년 중앙 지점은 2위를 하고 있었다. 나는 세 마리 토끼를 쫓고 있었다. 지점 챔피언, 전체 신인 챔피언, 그리고 TOT(연소득 5억 원 이상)였다.

　　나는 더욱 일에 몰두했다. 하지만 목표 금액에는 상당히 부족했다. 한 달 동안 1억 원이 넘는 금액을 계약해야 했던 것이다. 큰 계약이 가능한 회사를 찾아다니면서, 한편으로는 작은 계약도 가리지 않고 꾸준히 함으로써 3W를 이어갔다. 파이널 결정전이 남은 상태였다. 나는 움직이면서 생각하고 동시에 생각하면서 움직였다.

　　'누구를 만나야 하지?'

'어떤 감동을 줘야 하지?'

'어떤 비전과 포트폴리오 솔루션을 제시해야 하지?'

그때 나를 결정적으로 도와준 사람이 있다. 그는 지금도 내가 친동생처럼 여기는 사람이다. 그와의 인연을 말하려면 내가 캐나다에서 한국일보 특파원으로 일하던 기자 시절까지 거슬러 올라간다.

캐나다에서 특파원으로 지내던 시절은 혼자 부임해서 지내던 때라 외로울 때가 많았다. 정신없이 바쁘다가도 어쩌다 시간이 나면 홀로 낯선 장소에 덩그마니 떨어져 있는 나를 발견하고 외로움을 느낄 때가 많았다. 크리스마스 시즌이나 연말에는 특히 더했다.

하루는 집에 돌아가는 길에 이웃에 살고 있는 노부부가 나를 불렀다. 저녁을 같이 먹자는 것이었다. 그날은 맛있는 저녁도 얻어먹고 아들처럼 살뜰한 보살핌을 받는 것 같아 마음이 훈훈해졌다. 그런데 갑자기 궁금해졌다. 아무 관계도 없는 외국인인 나를 불러 밥을 먹이는 이유가 알고 싶었던 것이다.

"왜 오늘 나를 불러 함께 밥을 먹자고 하셨나요?"

"당신은 여기 캐나다에서만큼은 아직까지는 초보 신참이다. 아기와 마찬가지다. 그래서 돌봐주고 싶었다. 우리에게도 당신 같은 아들이 있다."

그 말을 듣는 순간 눈물이 핑 돌았다. 가족도 친구도 아니고 같은 나라 사람도 아닌 이방인인 나를 이렇게 따뜻한 마음으로 대하는 그 노부부의 정이 뼈에 사무칠 만큼 느껴졌다. 사람이 사람을 진심으로 대한다는 것이 무엇인지 그때 비로소 알게 된 것이다.

그런데 귀국을 한 이후에야 그 노부부에게서 받았던 사랑을 돌려줄 기회가 왔다. 캐나다에서 알고 지내던 사람에게 연락이 온 것이다. 자신이 아는 사람이 캐나다에서 한국으로 가는데 나보고 도움을 좀 주라는 부탁이었다. 부모에게 의지하지 않고 홀로 독립하려고 사업차 한국에 온 20대 중반의 캐나다 교포 2세인 젊은이였다. 혼자서 혈혈단신 한국에 왔다는 그의 독립정신이 나는 마음에 들었다.

서구 사회는 절대 공짜가 없는 사회다. 그런 곳에서 자란 그는 내 선의를 처음에는 의아해했지만 내가 진심이라는 것을 알자 내가 주는 마음을 곧 따뜻하게 느끼기 시작했다.

나는 그가 살 집에서부터 일하는 루트까지 할 수 있는 한 최대로 도와주었다. 빌려준 돈을 언제 갚으라는 말도 하지 않았다. 그저 그가 이 나라에서 자리를 잡고 행복하게 자신의 삶을 살기를 바라는 마음뿐이었다.

그와 나는 서로의 모든 속사정을 허심탄회하게 털어놓을 정도로 혈육만큼 친한 사이가 되었다. 그를 보면 언제나 캐나다 노부부가 생각나 그들에게 받은 사랑을 아낌없이 돌려준 것뿐이었는데 그가 이번에는 또 다른 제안을 요청해 왔다.

"이번에는 서로가 도와줄 차례야. 내가 3천만 원 정도 법인 영업 이익을 꾸준하게 투자하고 싶은데. 사업의 미래를 위해서. 좋은 솔루션 좀 줘봐."

한참이나 고민에 고민을 하다가 그 투자금을 돌릴 수 있는 여유 시간을 물었다.

"그래, 네가 언제까지 이 사업을 계속하리라 보장된 것이 아니니 확실한 버팀목을 하나 만들어놔야 돼. 거기다가 절세도 할 수 있다면 1석2조이지."

"그래? 그럼 매부 좋고 아우 좋으니 온대호 FC님이 좋은 제안을 해주시죠!"

"그래!"

"형이 나에게 해준 걸 생각하면 난 늘 고마운 생각밖에 안 들어."

생각지도 못했던 액수였다. 나는 그의 회사 자산과 대표이사의 미래 보장을 위해 CEO플랜 등 종합 재무 포트폴리오 프로그램을 제시했다. 그리고 그는 흔쾌히 청약을 했다.

그 후 나는 전문직 고소득자인 변호사들과 의사들을 통해 500만 원, 1천만 원짜리 계약을 연이어 더 하게 되었다. 막연해 보이던 레이스가 끝이 보이기 시작했다. 결승기가 보이기 전까지 파이널 레이스를 포기하지 않았던 결과였다.

2007년 12월 한 달 동안만 1억 3,700만 원의 계약을 함으로써, 나는 최단기간인 6개월 만에 TOT가 되었다. 그리고 월 소득 3억 9천만 원으로 2007년 ING 기네스 기록을 세웠다. 2위와의 차액은 2억이 넘었다. 한 달 동안 1억 원 이상의 계약을 할 수 있으리라는 것은 일을 처음 시작했던 단계에서는 생각지 못했던 일이었다. 꾸준히 3W를 하면서 큰 계약도 포기하지 않고 같이 했던 피나는 노력의 결과였다. '6개월 만에 월 소득 3억 9천만 원'이라는 나의 기네스 기록은 아직까지 깨지지 않고 있다.

게다가 내가 화룡점정이 되어 중앙 지점은 2007년에 다시 챔피언 지점이 되었다. 업계 최초로 챔피언 2연패 지점이 탄생하는 순간이었다. 그리고 나는 그해 목표로 했던 루키^{rookie} 1위, 신인왕에 올랐다.

아무것도
할 수 없을 때까지
멈추지 마라

나를 성장시키는 마루아치 정신

"마루아치가 뭔지 아세요?"

"마루치 아라치는 아는데요."

사람들에게 물으면 열이면 열 신기하게도 똑같은 대답이 돌아온다. 마루는 정상이라는 의미고 아치는 장사치, 가파치, 양아치 등에서 알 수 있듯이 '~하는 사람'이라는 뜻이다. '마루아치'는 정상에 오른 사람이라는 의미로 순우리말을 내가 합성해 만든 말이다.

나는 어떤 분야에서든 영원한 승자는 없다고 생각한다. 바꿔 말하면 언제나 똑같이 정상에 서 있는 사람은 없다는 의미다. 그러나 끊임없이 다른 정상에 오르는 것은 가능하지 않을까?

한 분야에도 하나의 정상이 아니라 수많은 정상이 있고 하나의 정상에 올랐다고 그것이 곧 모든 성공의 종착지도 아니다. 한 번 밟은 정상에 미련을 두지 말고 또 다른 정상을 꿈꾸어야 한다. 마루아치 정신은 나로 하여금 한 자리에 안주하지 않고 계속해서 또 다른 무대를 찾게 했던 원동력이 되었다.

보험업계에서의 내 인생 또한 재무 컨설턴트에서 끝나지 않고 새로운 길이 열렸다. 현장에서 뛰는 컨설턴트보다 그들을 총괄하는 매니지먼트를 하는 것이 어떻겠냐고 부지점장 의뢰가 들어왔던 것이다. 그때 나는 미국에서 열리는 인디카 경주에서 활동했던 일이 떠올랐다. 스폰서로서 레이싱팀 단장을 맡은 것이다. 내 인생에서 그런 호사는 아마도 다시 올 일은 없을 거라고 생각하며 미국을 오가던 때가 있었다.

스포츠투데이에서 데스크를 하던 시절이었다. 스포츠투데이의 모그룹인 넥스트 미디어가 모터스포츠에 대한 비전을 가지고 미국 데일 코인 레이싱 팀의 타이틀스폰서를 하게 되었다. '스포츠투데이 데일 코인 레이싱팀'이 탄생된 것이다. 한국에서는 미증유적인 사건이었다. 당시 신문사에서 일하면서 SBS 모터스포츠 해설위원도 겸하고 있었던 내가 적임자로 발탁되어 1년 동안 스폰서 총괄 단장을 맡게 되었다. 꿈에서도 상상하지 못했던 일이 내게 벌어진 것이다.

모터스포츠 스폰서를 하려면 수십억에서 수백억 원의 자금이 필요하기 때문에 개인으로서는 하고 싶어도 할 수 없는 일이다. 그런데 내게 스폰서 총괄 단장이라는 자리가 주어졌으니 자다가도 벌떡 일어나 이게 정녕 꿈은 아닌가 하고 볼을 꼬집어볼 정도였다. 게다가 자동차라면 밥을 먹다가도 숟가락을 놓을 정도로 좋아하는 나였으니 세상 그 어느 왕도 부럽지 않을 시간이 내게 주어진 것이었다.

1주일에 한 번꼴로 미국에 갔는데 공항에서부터 그야말로 칙사

대접을 받았다. 매주 리무진 버스 한 대가 통째로 나를 기다렸던 것은 물론, 내가 한국인이라는 것을 안 주방팀장이 김치까지 구해다 놓았다. 우리나라는 동호인 모임으로 시작되었지만 원래 모터스포츠는 태생이 고급사교의 장에서 태어난 스포츠라는 것을 실감하는 순간이었다.

나는 그곳에서 스폰서로서의 역할뿐만 아니라 취재도 하고 직접 기사도 썼다. 하루는 미국 스포츠 중계방송의 넘버원으로 꼽히는 ESPN에서 나를 취재하러 왔다. ESPN은 '스포츠 뉴스의 CNN'과도 같은 존재다. 우리나라의 스포츠 중계방송도 아니고 미국 굴지의 스포츠 중계방송에서 팀도 아니고 단지 일개 개인인 나를 취재하러 특별히 찾아온 것이었다.

"한국이라는 나라는 모터스포츠 불모지인데 당신은 왜 이런 일을 하는가?"

세계적인 모터스포츠가 열리는 나라의 사람도 아닌 내가 미국까지 와서 스폰서를 하고 취재하고 기사를 쓴다는 것이 신기하다면 신기한 일이었을 것이다.

"비록 한국이 지금은 모터스포츠의 불모지지만 앞으로 국가적인 차원에서 비전을 두기에 충분한 분야라고 생각한다. 한국은 자동차 생산 세계 5위의 자동차 대국이다. 아직 변변한 경기장도 부족하고 모터스포츠에 대한 인식도 낮지만 잠재력만은 충분하다고 본다."

내 말을 시종일관 진지하게 듣고 있던 기자가 카메라가 꺼지자마자 엄지손가락을 위로 치켜들었다. 자신도 언젠가는 꼭 한국에서 열릴 모터스포츠를 기대하고 있겠노라고 했다.

우리나라도 인프라를 구축하고 큰 경기를 유치하면서 어린 시절부터 체계적인 훈련을 한다면 세계적인 선수가 나올 것이라고 믿는다. 일본의 경우 혼다는 자동차가 아니라 오토바이를 생산할 때 이미 F1에 출전했다. 지금 일본에는 혼다와 도요타가 소유한 자동차 경기장이 있으며 F1 경기가 벌어지고 있다. 우리나라에서는 삼성이 미국에서 열리는 자동차 경주인 나스카의 투어 스폰서를 하고 있다.

자동차 산업은 생산만이 전부가 아니다. 축구공이나 축구화 생산이 아니라 월드컵을 통해 축구의 부가가치가 창출되는 것처럼 모터스포츠 대회를 통해 발생하는 파급효과가 만만치 않기 때문에 한국 자동차 산업을 위해서라도 나는 F1 같은 세계적인 모터스포츠 경기 유치를 간절하게 바랐다.

다행히 2010년 10월에는 전라남도 영암에서 우리나라 최초로 세계 최고 권위의 모터스포츠인 F1 그랑프리가 열린다. 2010년 7월에 완공 예정인 '영암서킷'은 최대 13만5천 명을 동시에 수용할 수 있고 서킷 길이가 5.615킬로미터로 아시아 F1 경기장 중 가장 규모가 크며 이탈리아의 유명한 '몬자서킷'에 이어 세계에서도 두 번째에 해당하는 길이라고 한다.

올해로 60년째를 맞는 F1 그랑프리는 각국 대표 팀이 해마다 17~18개국을 순회하며 레이스를 펼치는 명실상부한 월드 챔피언십이다. 올해는 3월 바레인 그랑프리를 시작으로 전세계를 돌며 모두 19번의 경기를 치를 예정이다. 올림픽, 월드컵과 함께 세계 3대 스포츠 이벤트로 꼽히는 행사로 연간 누적 관객 400만 명을 넘고 전세계 180여개 나라에 TV로 중계돼 6억 명 이상이 지켜보는 지구촌 행사다.

한 기사에 따르면 7년간의 F1 그랑프리를 통해 발생되는 파급효과로 생산유발 1조 8천억 원, 부가가치 8,600억 원, 소득유발 4,300억 원, 고용유발 1만8천 명에 이를 것이라고 한다. 그리고 현재 F1 그랑프리에 스폰서로 참여하고 있는 300여 개의 기업이 한 해 동안 쏟아 붓는 마케팅 비용은 무려 2조 원에 달한다. 그야말로 F1 그랑프리는 단순한 스포츠의 개념에서 벗어나 유·무형의 막대한 경제효과를 창출하는 '황금 알을 낳는 거위'인 셈이다.

이런 투자가치를 알아본 스포츠투데이에서 인디카에 투자할 결정을 내렸던 것인데, 이 분야에 전문가가 거의 없다 보니 내가 관련 업무를 맡아서 할 단장으로 발탁된 것이다.

1주일에 한 번씩 미국에 갔지만 피곤하기는커녕 공항에 들어서는 순간부터 가슴이 두근거렸다. 연애도 휴가도 다 필요 없었다. 처음으로 인생의 황금기를 맞은 기분이었다. 그 1년 동안 평생 가장 많이 비행기를 탔다.

한국에서 금요일에 출발해 3일 동안 경기를 보고 화요일에 돌아왔다. 여전히 데스크 일도 병행했으니 밀린 일을 하느라 수요일 목요일을 미친 듯 바쁘게 지내고 나면 다시 금요일에 비행기를 타고 미국에 가는 것이 내 1주일 스케줄이었다. 데스크도 소홀히 할 수 없는 일이었기에 그야말로 진짜 '바쁘다'는 것이 어떤 것인지 실감하며 살았던 시간이었다.

우리가 후원하던 팀은 중간 정도의 실력을 지니고 있었다. 스폰서는 한국 스포츠투데이였고 팀 국적은 미국이었으며 드라이버는 일본인으로 구성된 다국적 팀이었다. 얼마 후 드라이버는 일본인에서 미국인으로 바뀌었다. 사고가 나는 바람에 일본으로 돌아간 것이다.

자동차 경주에서 사고가 얼마나 무서운 것인지는 겪어본 사람만이 안다. 300킬로미터가 넘는 속도로 달리다가 툭 벽에 부딪치는 것만으로도 중력으로 인해 뼈가 쑤욱 들어갔다 나올 정도다. 온몸으로 지구의 G포스라는 중력을 받는 것이다.

그런데 단장으로 있는 동안 평생 잊지 못할 경험을 했다. 내 임기가 끝나기 전에 열린 마지막 경주에서였다. 새로운 드라이버를 영입했지만 예선에서 우리 팀은 꼴찌였다. 엔진에 문제가 있었다. 예선에서 나온 등수대로 출발선을 정하기 때문에 제일 불리한 악조건 속에서 본선이 시작되었다. 하지만 낙담하지 않았다. 분명히 기회가 올 것이라고 믿고 작전을 짰다. 영리하고 능숙한 드라이버였던 새로 교체된 미국인 선수는 추월을 계속해서 17위까지 치고 들어왔다.

선수와 통신을 주고받는데 그도 한껏 의욕이 불타오른 상태였다.

"어때? 좀 더 견딜 수 있겠어?"

"견뎌야 할 건 제가 아니라 엔진이에요. 지금 컨디션 최고예요."

"비가 올지도 몰라. 그렇다면 승리의 여신은 우리 편이라고. 조금만 더 힘내."

그때였다. 천운이 있다면 바로 이런 것이라고 느꼈다. 비가 오기 시작했다. 경사가 진 오벌 트랙(타원형 서킷)에서 경주를 하기 때문에 비가 오면 미끄러워 사고의 위험이 커 그날 시합은 취소되고 다음날로 미뤄졌다.

'됐다! 하늘은 우리 편이야!'

나는 속으로 쾌재를 불렀다. 우리에게 엔진을 손볼 시간이 생긴 것이다. 게다가 꼴찌에서 시작했던 것과 달리 다음날 경기는 시합이 멈추어진 등수에서 시작된다. 다음날 시합이 다시 열렸다. 우리 팀은 누구라 할 것 없이 모두 기운이 충만했다. 충분히 승산이 있다고 보았고 작전도 좋았다. 경기 중에는 피트 스톱$^{pit\ stop}$이라고 해서 타이어를 갈고 연료를 공급하는 시간이 있는데, 시간이 좀 걸리므로 대부분은 사고가 났을 때 하는 경우가 많았다.

우리 팀은 어느 시간대에 사고가 날 것이라 예상하고 미리 준비하고 기다렸다. 실제로 예상한 시간 즈음에 사고가 나자, 다른 팀보다 한 발 먼저 피트 스톱을 끝낸 우리 팀은 점점 치고 들어와 드디어 1위로 달리기 시작했다.

경기장은 그야말로 흥분의 도가니였다. 꼴찌로 출발했던 자동차가 1위가 되는 순간에는 감격에 겨워 말 그대로 심장이 멎는 것 같았다. 마지막 10분이 남았다.

"이제 곧 경기가 끝난다. 달려! 고고!"

다함께 목이 터져라 응원하고 있는데 엔진에서 연기가 나기 시작했다. 역시 엔진이 무리였던 것이다. 결국 10바퀴를 남겨두고 엔진에서 흰 연기가 나는 바람에 리타이어(중도탈락)를 했다. 하지만 후회는 없었다.

나는 미국, 브라질, 이탈리아, 멕시코 국기 등이 걸려 있는 피트에 대형 태극기를 내걸었다. 피트에는 원래 출전한 선수의 국기만 걸게 되어 있다. 하지만 나는 그때 내가 느꼈던 감격을 어떤 식으로든 알리고 싶었다. 텔레비전으로 경기를 보다가 태극기가 걸린 것을 발견하고 깜짝 놀랐다는 교민들의 소식을 나중에 들었다. 미국 자동차 경주에 태극기가 휘날리는 장면은 우리나라 모터스포츠 역사에도 남는 장면이 되었다.

안타까웠지만 후회는 남지 않는 경주였다. 출발은 꼴찌에서 했더라도 얼마든지 정상으로 갈 수 있다는 것을 깨달았기 때문이다. 주어진 상황이나 조건 탓을 하지 않고 스스로 정상으로 갈 만한 조건을 만들면서 나아갈 때 그것이 진짜 성공이라는 확신도 생겼다.

이때 일을 떠올리며 나는 현장에서 뛸 재무 컨설턴트들을 발굴하고 그들을 총괄하는 매니지먼트 일에 도전하기로 했다. 부지점장 의뢰를 받아들이기로 한 것이다.

인생을 개척하는 사람들을 격려하라

매니지먼트는 현장에서 뛰는 컨설턴트의 일과는 또 다른 세계였다. 컨설턴트는 자신이 혼자 열심히 해서 성과를 올리면 됐지만 부지점장은 이들을 선발하고 훈련시키는 일이라 일의 성격이 완전히 달랐다.

일반적으로 보험회사는 일 잘 하는 기존의 컨설턴트 중에서 그가 가진 경험이나 노하우를 더욱 살려주기를 원했기 때문에 매니저로 발탁하는 경우가 많았다. 보통 부지점장까지는 2년 정도가 걸렸다. 컨설턴트를 시작해서 2년이 되면 현장에서 계속 뛸지 아니면 매니저 트랙으로 전환할지에 대해 선택할 상황이 주어진다. 당시 ING에서 가장 빨리 부지점장이 된 사람은 1년 6개월 정도가 걸렸다. 하지만 나는 10개월 만에 부지점장 의뢰를 받은 것이다.

"진지하게 잡 체인지를 고려해 보세요."

지점장은 깊이 생각한 후에 대답을 들려 달라고 했다.

'누구의 간섭도 없이 나 혼자만 잘 하면 되는 길을 택할 것인가, 인생을 개척하는 사람들을 격려하는 길을 택할 것인가.'

나는 이틀 동안 다시 생각에 생각을 거듭했다. 문득 언젠가 같은 지점의 선배 컨설턴트가 했던 말이 떠올랐다.

"이 일을 하다 보면 도약의 시기가 반드시 온다. 그것이 어느 형태로 올지는 자신만이 느낄 수 있다. 중요한 사람을 만날 때도 있고 자리를 옮겨야 할 때도 있다. 중요한 것은 그때를 놓치지 말아야 한다는 것이다."

나는 새로운 도약의 시기가 왔다고 직관적으로 느꼈다. 현장에서 계속 뛸 수도 있었지만 매니지먼트를 선택하기로 했다. 마음의 결정을 내리자 더 이상 망설일 필요가 없었다. 처음에 재무 컨설턴트를 시작하기로 결정했을 때와 똑같이 이틀 동안 고민하고 비전 분석이 끝나자 바로 지점장을 만났다.

"결정은 하셨나요?"

"네. 받아들이기로 결정했습니다."

지점장은 반갑게 웃으며 내 손을 꼭 쥐었다.

"그럴 거라고 생각했습니다. 당신이라면 현장에서와 마찬가지로 탁월한 능력을 발휘할 겁니다."

"앞으로 잘 부탁드립니다."

나는 굳게 그의 손을 마주 잡았다. 새로운 인생이 펼쳐지려 하고 있었다. 짧은 순간 많은 생각들이 오갔다. 재무 컨설턴트를 하겠다고 처음 이곳에 찾아왔던 일도 생각이 났다. 인생의 한 챕터chapter가 끝나고 새로운 챕터가 열리는 느낌이었다.

부지점장의 가장 큰 일은 리쿠르팅이다. 오래 전부터 준비한 일이 아니었기 때문에 처음 재무 컨설턴트를 시작했을 때처럼 맨 땅에 헤딩하는 것이나 다름없었다. 부지점장이 되기로 결정한 것은 2월이었는데 4월까지는 사람들을 뽑아 교육을 마쳐야 5월에 본격적으로 가동이 될 상황이었다.

일단 누구를 선택할지 리스트를 만들었다. 스포츠마케팅을 한 제자가 있었지만 여러 차례 대화를 나눈 결과 적합하지 않다는 판단이 섰다. 아는 사람의 소개를 받아 다른 사람을 만났다. 기질도 성격도 좋았는데 마지막 순간 신용에 문제가 생겨서 아깝지만 역시 리쿠르팅에는 실패했다. 2주가 지나도록 나는 한 사람도 제대로 뽑지 못하고 있었다.

생각보다 만만한 일이 아닐 거라는 생각은 했지만 이렇게까지 사람을 뽑는 일이 어려울지는 몰랐다. 부지점장들은 종종 "알코올 중독자라도 데려다 놓고 싶을 정도"라는 말을 하곤 했는데 그 말이 진짜로 실감이 났다.

그러나 나는 뚫고 나가야만 한다고 생각했다. 할 수 없다거나 안 된다는 생각은 하지 않았다. 우선 '된다'를 먼저 생각하고 어떤 식으로 해나갈지를 고민했다. 안 된다고 고민할 에너지가 있다면 그것까지 모아서 되는 방향에 쓰는 것이 더 낫다는 것을 재무 컨설턴트로 일하는 동안 몸에 밸 정도로 경험했기 때문이다.

나는 매 순간 절대긍정을 넘어서는 '초절대긍정'의 정신으로 살았다. 지지와 격려는커녕 아내마저 그것만은 안 하면 안 되겠냐고 말리는 재무 컨설턴트로서 새로운 출발을 할 때도 초절대긍정의 마인드를 잃지 않았다.

무조건 하면 된다는 초절대긍정의 사고는 믿지 못할 허무한 이야기로 느껴질지도 모른다. 무대포로 밀어붙이면 된다는 무식한 소리로 여겨질지도 모른다. 그러나 이런 사고의 밑바탕이 없었더라면 나는 ING 기네스에 오를 정도의 성공을 이루지는 못했을 것이다.

나는 재무 컨설턴트를 막 시작했을 때를 떠올렸다.

"목표가 뭐예요?"

"탑 10요."

교육이 끝나고 본격적으로 현장에서 일한 지 1주일 쯤 되었을 때 동료 중 하나가 갑자기 내게 물었다.

"목표가 높으시네요?"

"그래야 오를 맛이 생기죠. 탑 10 때문에 선택했는데요, 뭘."

나는 내가 한 말 그대로 탑 10이 되었고 정해놓은 목표를 이룬 다음에는 새로운 목표를 세웠다. 전국 탑이 되고 싶다는 목표도 이루었다. 어떤 어려움 속에서도 나는 '된다'를 외쳤고 실제로 최단기간 월 소득 기네스가 되어 나름대로 신화 같은 역사를 이끌어냈다. 그것은 마법도 아니었고 기적도 아니었으며 초절대긍정으로 이뤄낸 사실이었다.

'승부수를 걸어야 할 것인가.'

목표 지점을 정확히 파악하면 호랑이의 어금니보다 더 강한 초절대긍정으로 물고 늘어졌다. 내가 꿈꾸는 모든 성공은 마음가짐에서부터 시작된다고 믿었다. 오히려 위험한 것은 어설픈 긍정이었다. 눈앞의 함정을 제대로 보지 않고 사실을 비껴가며 자기기만에 빠질 수 있기 때문이었다.

리쿠르팅의 신화를 다시 쓰다

　부지점장이 되고 한 달 같은 하루하루가 지났다. 여전히 리쿠르팅은 내게 지상 최대의 과제였다. 밥을 먹어도 잠을 자도 어떻게 하면 리쿠르팅을 잘할 수 있을지만 생각하며 지냈다. 그러던 어느 날 우연히 대학 동기에게서 전화가 왔는데 그가 부동산 쪽에서 유명한 한 사람의 이야기를 꺼내는 것이었다.

　"이진우 소장이라고 알아?"

　"처음 듣는 이름인데."

　"저자 무료 강연회를 한다는데 너한테 도움이 될지도 몰라. 한번 들어봐."

　나는 알았다고만 하고 전화를 끊었다. 그런데 며칠 지나서 고객 중 한 명이 같은 소리를 하는 것이었다.

　"이진우 소장이라고 아세요?"

　"이름은 한 번 들어본 적 있어요."

　"이번에 강연회가 있는데 한번 가보세요."

　두 번씩이나 같은 이야기를 들으니 이것도 인연인가 싶어 강연회를 찾아갔다. 토요일이라서 그런지 강연회장은 사람들로 가득 차 있었다.

"인생에 성공하려면 동물원에 있지 말고 정글로 나와야 합니다."

"극한의 벼랑 끝까지 경험을 해봐야 합니다."

"인생의 멘토를 찾으세요."

"인생의 대역전 승부는 세일즈 마케팅입니다."

강연 끝 무렵에 그는 대표적인 세일즈 마케터로 재무 컨설턴트, 자동차 딜러, 무역업, 부동산 마케터 등의 예를 들었다. 머릿속으로 번쩍 지나가는 것이 있었다.

'바로 내가 그 세일즈 마케터인 재무 컨설턴트가 아니던가.'

강연이 끝나고 질문을 하는 시간에 나는 손을 높이 들었다.

"오늘 강연 잘 들었습니다. 소장님의 말씀을 들으니 마음에 와 닿는 것이 많았습니다. 오늘 강연 중에 인생의 대역전 승부는 세일즈 마케팅이라고 하셨고 그 중에 직업으로 재무 컨설턴트도 언급되었는데 마침 저는 ING에서 FC로 일하고 있습니다. 혹시 여기 오신 분들 중 그 일에 궁금하신 분들이 있으면 제가 도움이 되고 싶습니다."

간단하게 내 소개를 하고 문가에 서 있는데 사람들이 한 명 두 명씩 다가오더니 명함을 달라는 것이었다. 순식간에 갖고 있던 서른 장의 명함이 동이 났다. 두 번째 강연을 들은 날은 백 장의 명함을 가져갔다. 그 역시 그날 안으로 동이 났다. 세 번째 강연 때는 나를 소개하는 간단한 복사물을 만들어 가지고 갔다.

그렇게 두어 번 명함을 주고 나니 계속 걸려오는 전화를 받기에 정신이 없어서 다른 업무를 볼 수가 없는 상황이 벌어졌다. 컨설턴트라는 직업과 비전, 과연 그들도 나처럼 할 수 있는지 등 수도 없이 몰려오는 질문 쇄도 속에서 나는 해결책을 찾았다. 관심이 있는 사람들을 모아서 이야기해 주는 게 낫겠다고 생각하고 회사 컨퍼런스룸을 예약했다. 나는 그분들을 한자리로 불러모으는 홍보 인쇄물을 만들었다. 나는 나를 홍보할 수 있는 좋은 기회이기도 하고 관심 있는 후보를 발탁하는 스카우팅 상황도 만들 수 있는 1석2조의 무대를 만들기로 한 것이다.

그러나 막상 홍보 용지를 나눠주려고 하자 문제가 생겼다. 이진우 소장 측의 당시 마케팅팀장과 강의 도중에 상의를 했는데, 홍보지는 삼가 달라는 요청이었다. 나는 순간 당혹스러웠다. 이것을 배포해야 한꺼번에 세미나를 열 수 있기 때문이었다. 그래서 다시 나는 요청했다. 다른 목적보다는 그저 관심 있는 분들에게 한번에 설명하려고 하니 배포할 수 있게끔 해 달라고 했다. 그러나 거절이었다. 그래도 여기서 물러설 온대호가 아니었다.

고민에 고민을 하다가 마지막 질문을 하는 시간에 관중석에 있는 마이크를 물려받아 광고 멘트를 해버렸다.

"역시 오늘도 소장님의 케토톱 같은 강의에 감명을 받은 온대호 FC입니다. 그동안 제가 명함을 나눠드리니 하도 전화 질문을 많이 하셔서 이제부터는 세미나를 열기로 했습니다. 끝나고 나가실 때 세미나 시간을 알려드리는 프린터물을 받아가십시오."

한마디로 질러버린 것이다. 그리고 그날 저녁에 나는 피를 말리는 시간을 보내야만 했다. 이진우 소장 측에서 더 이상 강의에 오지 말라고 하거나, 아니면 앞으로는 그런 배포를 하지 말라고 강제할까? 아니면 또다른 희망의 반응이 올까? 겨우 리쿠르팅을 할 수 있는 물꼬가 트였는데 이제 와서 다른 물줄기를 찾아야 할지도 모르는 일이었다. 오만 가지 생각을 하면서도 내 노력의 결과를 기다리는 수밖에 없었다.

반응은 밤 11시쯤에 왔다. 생각보다 일찍이었다. 이진우 소장 비서실장이었다.

"좋은 소식을 전해드릴까 해서요."

"좋은 소식요?"

강연회에 가서 사람들에게 명함을 주거나 설명을 해도 괜찮다는 뜻인가 싶어 나는 가슴이 뛰었다.

"저희 소장님께서 아예 20분 정도 시간을 주신답니다."

"네?"

"시간을 따로 드릴 테니 강연 후반부에 하고 싶은 말을 다 하시랍니다."

꿈을 꾸는 것만 같았다. 생각지도 못했던 내용이었다. 전화를 끊고 난 후에도 나는 잠깐 멍하니 있었다.

'하고 싶은 말을 다하라니 진짜야?'

나는 기회가 왔다고 느꼈다. 사람들 앞에서 이야기를 해본 적은 많았지만 그래도 특강을 할 사람으로 앞에 서니 처음에는 많이 긴장이 되었다. 하지만 분위기에 차츰 적응이 되었고, 직접 성공 무대에 뛰어들어 행동했던 그 동안의 경험담을 이야기했다. 사람들은 내 이야기에 웃고 손뼉을 치는 등 다양한 반응을 보이며 집중하기 시작했다.

다음 강연 때도 특강을 해달라는 요청을 받았다. 시간도 10분 더 연장해 30분으로 늘었다. 내 강연이 끝나자마자 문의가 쇄도했다. 나는 한 사람씩 만나기가 힘들어 다음날 따로 '성공 애프터 클래스'라는 세미나를 열어 그들을 초대했다. 첫 모임에 40명이 왔다. 리쿠르팅의 성공 신화가 시작되는 순간이었다.

도대체 온대호가 누구야?

그렇게 어렵게 느껴지던 리쿠르팅이었는데 몇 달 만에 나만의 특화법이 생겼다. 첫 달에 10명, 두 번째 달에는 7명, 세 번째 달에는 8명을 뽑았다. 다른 선배 부지점장들이 나를 벤치마킹하기 시작했다.

"한 달에 한 명 뽑기도 어려운데 어떻게 한 거야?"

"한 명씩 만나기가 힘드니까 아예 모아서 강의를 했어요."

"그게 가능해?"

"하니까 되던데요."

"그럼 나도 거기 한번 가봐도 돼?"

"그러세요."

나는 흔쾌히 좋다고 말했다. 그리고 있는 그대로 내가 성공했던 방법을 일러주었다. 그러나 리쿠르팅에서 나처럼 성공하는 부지점장은 아무도 없었다. 사람들을 앞에 모아두고 이야기만 한다고 리쿠르팅에 성공할 수 있는 것은 아니었다. 자신만의 성공 스토리, 커뮤니케이션 능력과 파워 클로징closing 비법 등이 필요하기 때문이다.

흔히 계약 10건보다 리쿠르팅 1건이 어렵다고 한다. 통상 1년 만에 6~7명을 리쿠르팅해서 유지하면 잘한다고 평가받는다. 좋은 인재를 뽑는 것이 그만큼 어렵다는 말이다. 그 와중에 나는 팀 세팅 4개월 만에 30명을 리크루팅하면서 쟁쟁한 선배들을 제치고 업적에서도 전국 1위를 했다. 루키 부지점장 평가에서도 1위였다.

이젠 ING 안에서 기라성 같은 선배 부지점장들과 어깨를 겨눌 수 있는, 전면에 부상하는 혜성 같은 존재가 되었다. 탑 10에 속하는 전국의 부지점장들이 벌집을 쑤신 듯 난리가 났다. 갑자기 나타난 나에 대한 호기심으로 전국의 지점이 들끓기 시작했다.

"도대체 온대호가 누구야?"

"한 명을 뽑는 게 아니라 한꺼번에 그룹으로 뽑는다고?"

"어떻게 그것이 가능하지?"

지점 수준이 아니라 회사 차원에서 나를 벤치마킹하기 시작했다. ING뿐만 아니라 다른 회사의 부지점장과 지점장까지 나를 벤치마킹하면서 연구한다는 소문이 들렸다. 한 번은 다른 지점에서 초청강연 의뢰가 들어왔다.

"온대호 부지점장님, 우리 지점에서 강연을 해주시면 안 될까요?"

"강연요? 제가요?"

"네. 리쿠르팅의 성공 신화를 새로 쓴다고 소문이 자자합니다."

"아이고, 그렇게까지 대단한 일을 한 것도 아닌데요."

"그러지 마시고 꼭 좀 와서 노하우를 알려주세요."

나는 경험지수가 적으니 다음에 하겠다고 고사를 했다. 크게 여기저기 떠벌리며 돌아다닐 일도 아니라고 판단했거니와 이제 막 시작일 뿐 앞에 나가서 얘기할 정도로 큰 성공도 아니라고 생각했기 때문이다. 그보다는 내가 해야 할 일을 예전보다 더 열심히 묵묵히 하고 싶었다.

나는 우리 팀에 조장 시스템을 도입했다. 그것은 그때까지 아무도 시도하지 않았던 제도였는데 나에겐 성장의 계기가 되어주었다. 앞으로 부지점장으로 일할 가능성이 있는 사람을 눈여겨봤다가 조장으로 발탁했다.

우리 팀에는 다행히도 자기발전을 강력하게 원하는 팀원들이 많았다. 누구 하나 일을 미루거나 자기 것만 챙기지 않고 팀원들끼리 서로가 서로를 도왔다. 컴퓨터를 못하는 사람이 있으면 잘 하는 사람이 나서서 자발적으로 가르치기도 했다.

내가 힘들고 어려울 때 그들은 헌신과 배려의 정신으로 서로를 챙겼다. 나는 그들을 스스로 움직이게 만드는 힘을 지닌 사람으로 키우고 싶었다. 자신안의 열정으로 움직이는 사람들은 반드시 성공한다는 것을 경험으로 알고 있었기 때문이다.

내가 사람을 뽑을 때 보는 기준은 딱 두 가지였다. 하나는 열정이었고 또 다른 하나는 커뮤니케이션 능력이었다. 그 두 가지는 학벌이나 외모보다 더 중요한 것이었다. 어떤 일을 하든 마찬가지겠지만 진정 그 일을 하고 싶다는 열정이 없으면 오래 버티질 못한다. 작은 어려움에도 금방 마음이 꺾여버리고 마는 것이다.

커뮤니케이션 능력은 타고난 사람도 있지만 배우고 익힐 수 있는 기술이다. 샘솟는 열정이 튼튼한 하드웨어라면 커뮤니케이션 능력은 후천적으로 꾸준히 개발해서 업그레이드시켜야 하는 소프트웨어 같은 것이다.

여러 가지 관문을 통과해 컨설턴트가 되었지만 그중에서 도중에 탈락하는 사람들도 있었다. 허황된 꿈을 크게 갖고 노력과 실천은 하지 않으며 어떤 일을 해도 안 되는 핑계만 찾는 사람들은 자연스럽게 탈락할 수밖에 없었다.

자신이 하는 일에 대한 자부심과 현실 대처 능력이 없는 사람들도 마찬가지였다. 자신이 하는 일에 대해 자신 있게 말조차 못 하는 사람이 어떻게 성공을 할 수 있겠는가. 자신감이 없으니 일이 안 되고 일이 안 되니 자신감이 떨어지는 악순환이 계속되어 결국 일을 그만둘 수밖에 없다.

나는 비록 부지점장이었지만 지점장의 마인드로 움직이고 일을 했다. 타고난 승부근성보다는 몰입하는 열정에 하느님께서도 감동하셨는지 보험금융업계 사상 최초로 팀 세팅 4개월 만에 매출 기준 1위에 올랐다. 한 팀이 한 지점의 매출에 해당하는 업적을 이뤄내 업계가 발칵 뒤집혔다. 그 이후로 부지점장 일을 마칠 때까지 계속해서 탑 파이브Top 5 안에 들었다. 종합 건수 1위, 보험금 합산 1위, 5월에서 12월까지 7개월 만에 이뤄낸 성과를 토대로 부지점장 평가 1위에 올랐다. 7개월 만에 1,600개 팀에서 종합 평가 1위라는 신화

를 이뤄낸 것이다. 아무리 생각해도 쉽지 않은 일을 기적처럼 이뤄
낸 것이다. 지금까지도 그때 함께 했던 팀원들 얼굴 하나하나 기억
이 날 정도로 고맙고 그 투혼은 영원히 잊지 못할 것이다.

222 성공 로드맵을 알리다

리쿠르팅의 핵심은 내가 멘토가 돼야 한다는 것이다. 저 사람처럼 되고 싶다, 저 사람하고 같이 일하고 싶다는 마음을 일깨워야 했다.

"저도 온대호 부지점장님처럼 되고 싶습니다."

내가 뽑은 컨설턴트들에게서 이런 말을 듣는 것처럼 기쁜 일은 없었다. 그들이 눈을 빛내며 내 이야기를 들을수록 나도 더 힘을 내서 그들을 도왔다. 내가 컨설턴트였을 때 내 고객은 내가 만나는 수많은 사람들이었지만 이제 내 고객은 내가 뽑은 컨설턴트들이었다.

그들에게 이 직업의 가치와 즐겁게 일하고 싶다는 비전을 주는 것이 중요했다. 그들 안에 잠들어 있는 비전과 열정을 깨우기 위해 다시 초심으로 돌아가 밤새워 고민하는 시간을 보냈다.

"우리는 자신의 정확한 비전을 정함으로써 새로운 인생에 도전할 수 있습니다."

"뭔가 결정할 일이 있습니까? 딱 이틀만 생각하십시오. 단 철저하게 자신의 모든 것을 드러낸다는 각오로 생각하십시오."

"두 달 동안 자신의 가치관에서부터 외모에 이르기까지 예전의 자신을 모두 버리고 새로운 자신으로 바꾸십시오. 그리고 2년 동안 미친 듯이 일에 몰입하십시오."

내가 '2 2 2 성공 로드맵'이라고 부르는 이틀, 두 달, 2년의 성공 법칙을 그들에게 힘껏 알려주었다. 내 팀원 중에 열심히 일을 하는 데도 실적이 오르지 않는 컨설턴트가 있었다. 그러나 섣불리 그를 불러 이런저런 이야기를 하는 것도 괜한 참견이 되는 것 같아 조금 더 그를 지켜보기로 마음먹고 있는데 하루는 그가 나를 찾아왔다.

"온대호 부지점장님, 드리고 싶은 말씀이 있는데요."

"네. 뭐든지 말씀하세요."

"도대체 어떻게 하면 일을 잘할 수 있을까요?"

나는 빙긋 웃으며 그를 바라보았다.

"지금도 일을 잘 하고 있잖아요?"

그는 뒷머리를 긁적이며 난감한 표정을 지었다.

"그게요, 고객을 열심히는 만나고 있는데 마지막 계약으로 이어지는 일이 별로 없어요. 분위기도 좋고 곧 할 것 같다가도 막판에 다른 이유를 대면서 미루거나 거절을 하시거든요. 제게 부족한 게 뭘까요?"

"FC에 대해 어떻게 생각하세요?"

"FC요? 그야 제가 하고 있는 일이죠. 사람들에게 보험의 좋은 점을 알리고……."

"그건 일반적인 생각이고요. 당신이 가슴 밑바닥에서부터 진짜로 믿고 있는 것은 뭐냐고요? 자신의 성공인가요? 고객의 행복과 기쁨인가요? 그렇다면 왜 그런 생각을 하는 건가요? 보험은 당신에게 어떤 의미가 있는 거죠?"

그는 자신의 발만 내려다보며 민망하다는 듯 고개를 숙였다.

"사실은 한 번도 제대로 생각해 본 적이 없는 것 같아요."

"그럼 딱 이틀 동안만 생각해 보세요."

"이틀요?"

"네."

"이틀만 생각하면 되나요?"

"물론이죠. 그러나 그냥 이틀이 아니라 자신을 뿌리째 뽑을 정도로 철저하게 생각하고 고민하는 이틀이어야 합니다."

"부지점장님께서 늘 이틀, 두 달, 2년 이야기를 하셔서 그런가 보다 하고 듣기는 했는데 정말로 그렇게 하면 저도 부지점장님처럼 될 수 있을까요?"

"저처럼은 될 수 없죠."

"네?"

나는 그가 실망하거나 오해를 할까 봐 웃음을 터뜨리며 다음 말을 이었다.

"하하하. 제가 잘나서가 아니라요. 당신은 당신 자신이 되어야 한다는 뜻이에요. 제2의 온대호가 되는 것보다 제1의 자신이 되는 것이 낫잖아요."

그제야 그도 얼굴이 풀리면서 슬그머니 미소를 지었다. 나는 그에게 예전에 브라이언 트레이시의 강연을 들으러 갔던 이야기를 해주었다.

"나 자신 주식회사를 만드세요. 그래야 진짜 일을 잘할 수 있게 됩니다."

"나 자신 주식회사요?"

"네. 저도 지금 '온대호 주식회사'의 오너라고 생각하면서 일하거든요. 누구한테 배울 것은 배우고 반성할 것은 반성하지만 그래도 내가 일의 주체라는 생각은 잊지 않고 있어요. 내가 오너라면 어떻게 해야 할까? 자신에게 물으면 답은 나오기 마련이에요. 게다가 FC는 조직에 함몰되지 않고 자신의 능력을 최대한 발휘할 수 있는 일이잖아요. 그야말로 나 자신 주식회사지요."

"그렇군요. 저는 막연하게 그냥 나와 고객을 위해 일한다고는 생각했지만 나 자신이 주식회사의 오너라는 생각은 한 번도 해보지 않았어요."

"그럼 투투투$^{2\,2\,2}$의 이틀부터 시작합시다. 그리고 이틀 후에 다시 얘기를 나눠요."

그는 끄덕였다. 어둡던 얼굴이 아침 햇살처럼 환하게 밝아져 있었다. 이틀 후 그는 자신이 생각하고 고민한 결과를 가지고 왔다. 나 또한 이틀 동안 그에게 해주고 싶었던 이야기를 정리해서 그에게 말해주었다.

"보험계약은 세 발 자전거를 타고 가는 것과 비슷해요. 앞바퀴가 지금 바로 할 수 있는 계약이라면 왼쪽 바퀴는 3개월 숙성시켜야 하는 것, 오른쪽 바퀴는 6개월 숙성시켜야 하는 것이죠. 앞바퀴가 다 돌면 왼쪽 바퀴가 앞바퀴가 되고 오른쪽 바퀴는 왼쪽 바퀴로 바뀌지요. 두 발로 부지런히 바퀴를 돌리듯 끊임없이 씨를 뿌리고 순환시켜야 일을 계속할 수 있는 원동력이 생깁니다."

"가장 어려운 것이 새로운 고객층을 창출해 내는 것이에요."

"여러 모임에 가입하세요. 자신이 좋아하는 취미를 즐길 수 있는 카페도 좋고요. 한 번도 해보지 않았지만 도전하고 싶은 것을 할 수 있는 동호회도 좋겠지요. 사람들이 오기를 기다리지 말고 내가 적극적으로 찾아나서야 합니다."

"직업을 밝히기가 어려울 때가 있어요."

"당당하게 나는 해결사라고 하세요. 절세부터 아이의 과외선생 구하는 문제에 이르기까지 할 수 있는 모든 도움을 주려고 노력하세요. 자신의 역량을 스스로 고객에게 명확하게 알릴 수 있다면 이미 산등성이의 반은 넘은 셈입니다."

"이미 업계가 포화 상태라는 절망이 들 때가 있어요."

"그래도 내 고객은 따로 있는 법입니다. 절대로 중복되지 않는다는 확신을 지니세요. 보통 계약은 5년, 7년 단위로 많이 가지요? 5년마다 새로운 고객이 창출되는 셈입니다."

마지막으로 나는 3S 법칙을 말했다.

"3S요?"

"심플^{Simple}, 스페셜^{Special}, 센스^{Sense} 세 가지입니다. 단순하게 생각하세요. 밤하늘의 별만큼이나 많은 FC들이 활동하는 곳에서 어떻게 나를 특화시켜 고유한 브랜드로 만들 것인가를 늘 생각하세요. 더불어 고객의 상태를 민감하게 알고 대응하는 것도 전략의 한 방법입니다."

그렇게 두 달이 지나자 그는 같은 영업소에 있는 사람들이 깜짝놀랄 정도로 눈에 띄는 실적을 올리는 사람이 되었다. 뿐만 아니라 스스로 자기 발전 플랜을 짜서 내게 적극적으로 의논하기까지 했다.

"이제 2년만 미친 듯이 일에 몰입하세요."

"네. 그동안 제가 왜 답답했는지 조금 알 것 같아요. 변화가 무엇인지 머리가 아닌 몸으로 느끼게 되었고요. 이게 다 온대호 부지점장님 덕분입니다."

"하하하. 고마워요. 저도 힘이 나네요. 하지만 변화의 주체는 제가아니라 바로 당신 자신입니다."

"그럼요. 저는 나 자신 주식회사의 오너인걸요."

스스럼없이 당당하게 말하는 그를 바라보며 나는 오랜만에 큰 소리로 웃었다. 그가 자신감을 회복하고 더욱 열정적으로 일하는 모습을 보는 것이 뿌듯했다. 내가 제시한 2 2 2 성공 로드맵을 구체적으로 실행한 사람이 예전과는 확연히 다른 모습으로 변화해 가는 것을 눈앞에서 보는 일도 기뻤다.

2 2 2 성공 로드맵은 내 스스로의 경험을 통해 나온 것이었기에 나는 이 방법에 확신이 있었다. 남들에게 듣거나 어디에서 읽은 것이 아니라 100퍼센트 내 안에서 나온 것이었고 나 스스로 실험해 본 결과였기 때문이다.

나는 특별하거나 특출난 면이 두드러진 천재형 인간이 아니다. 오직 열정과 노력밖에는 믿을 것이 없는 평범한 사람이다. 보험의 보자도 제대로 모르던 내가 생전 처음 해보는 일에서 성공을 거두었다면 다른 사람들도 얼마든지 내가 이룬 성공 이상을 이룰 수 있다고 믿는다.

마음을 헤아리는 커뮤니케이션

리쿠르팅을 꾸준히 하면서 매니지먼트의 소중함도 차츰 알게 되었다. 사람을 뽑는 것으로 끝나는 것이 아니라 그들이 일을 잘할 수 있도록 계속해서 격려하고 기운을 북돋아주고 멘토가 되어야 하는 일이 쉬운 일은 아니었다. 무엇보다 커뮤니케이션이 중요했다.

나와 팀원 사이의 소통도 중요했지만 그들이 고객을 만날 때 성공적으로 계약을 하고 꾸준한 관계를 맺을 수 있도록 커뮤니케이션 방법을 전수하는 것도 내가 그들을 도울 수 있는 방법이었다.

커뮤니케이션은 대중을 대상으로 하는 아나운스먼트^{annoucement}와는 다르다. 반드시 눈앞의 상대방을 염두에 두어야 한다. 말이 커뮤니케이션의 중요한 부분을 차지하는 것은 사실이지만 일방적으로 혼자 떠드는 것은 일종의 언어폭력이다.

"말보다 중요한 것은 눈입니다."

"진실이 담기지 않은 허황된 말은 금방 탄로가 납니다. 말만으로 설득하려고 하지 마세요."

"눈에서 빛이 나는 사람은 말을 하고 있지 않아도 저절로 사람들의 이목을 끌기 마련입니다."

한 가지 두 가지 알려주다 보니 팀원들로부터 좀 더 구체적으로 자세하게 알려 달라는 요청이 많아졌다.

"부지점장님, 그러지 말고요. 하루 날 잡아서 강의를 해주세요."

"강의씩이나 할 거 뭐 있나요? 다들 아는 얘기인데."

"그래도 부지점장님이 말씀하시는 걸 보면 다른 분과는 확실히 다른걸요."

"그래요?"

"네. 그러니까 혼자서만 독점하지 마시고요. 저희들한테도 알려주세요."

하루 날을 잡아서 나는 내가 했던 스피치 연습법을 알려주었다.

"하루에 5분도 좋고 10분도 좋습니다. 거울을 보면서 자신의 표정과 자세를 살펴보세요. 자연스럽고 호감이 가는 미소를 짓는지 심각한 이야기를 할 때면 미간에 보기 흉한 주름을 잡지는 않는지 꼼꼼하게 살피세요."

"매일 거울을 보면서 연습해야 하나요?"

"네. 연습은 되도록이면 하루도 빼놓지 않고 매일 하는 게 좋아요. 그래야 습관이 잡히거든요."

"표정을 살핀 다음에는요?"

"자세가 삐딱하지 않은지, 허리를 곧게 펴고 상대의 눈을 똑바로 바라보는지, 무표정하게 굳어 있지 않은지 자신을 관찰해 보세요."

모두 진지하게 내 말을 듣기 시작했다.

"최근 자신이 관심을 갖고 있는 주제를 정해 10분 동안 말하면서 녹화를 해보는 것도 좋은 방법입니다."

"혼자 말하는 것이 어려운 사람은 어떻게 해요?"

"그게 어렵다면 좋아하는 책을 읽으면서 녹음을 해도 좋아요. 성량은 적당한지, 어조는 부드러운지, 발음은 정확한지 속도가 너무 빠르거나 느리지는 않은지, 말하고자 하는 의도와 요점이 상대에게 잘 전달될 것 같은지도 빼놓지 말아야 합니다."

내가 강조했던 것 중 하나는 목소리였다. 커뮤니케이션에서 목소리는 눈빛만큼이나 중요한 요소였다. 좋은 목소리는 내용에 상관없이 듣는 것만으로도 굳은 마음을 풀리게 하는 경우가 많았다.

"노래를 들을 때 곡이나 가사 내용과는 별도로 순수하게 목소리에 끌린 경우가 있었을 겁니다. 타고난 음색은 어쩔 수 없지만 조금만 더 노력한다면 훈련된 목소리만으로도 타인에게 기운을 주고 밝은 에너지를 주는 역할을 할 수 있습니다. 누군가 당신의 목소리를 듣는 것만으로도 힘이 난다면 신나는 일 아니겠어요?"

나는 보이스 트레이닝을 강조했다. 목소리를 훈련하는 것만으로도 자신감이 키워지기 때문이다.

"어디든 크게 소리를 지를 수 있는 곳을 찾으세요. 노래방에서 마이크를 놓고 육성으로 노래를 부르거나 소리 내어 책을 읽으세요. 자신 있고 힘 있게 말하세요."

"큰 목소리로 말하는 것이 중요한가요?"

"꼭 그런 것은 아니에요. 힘 있는 목소리가 반드시 큰 목소리는 아니니까요. 문장이 미끄러져서 알아듣지 못하는 일이 없도록 해야 합니다. 그리고 중요한 곳에서는 적절한 쉼표를 주세요. 단전에 힘을 주고 목이 아니라 배에서 소리를 내는 겁니다."

나는 경청의 중요성에 대해 강의 내내 귀에 못이 박히도록 말을 했다. 나도 내가 하는 이야기에 어떤 판단이나 평가도 내리지 않고 그저 편안하고 고요하게 들어주는 사람에게서 위안을 받은 적이 있다. 그저 그 사람이 들어주는 것만으로도 내 안에서 지절로 해답이 나왔던 적이 있다.

나는 언젠가 내가 힘들었을 때 내게 슬며시 이솝 우화의 여우 이야기를 들려주었던 부지점장이 생각났다. 늘 내 방식대로 팀원들을 위해 일했지만 지금 이 순간에는 그에게 배운 것을 써도 좋을 것 같았다. 나는 팀원들에게 세계적인 작가 미카엘 엔데가 쓴 《모모》 이야기를 들려주었다.

주인공인 모모는 어린 여자아이였지만 진정한 듣기란 무엇인지 알려주는 인물이다. 동네 사람들은 싸움을 하다가도 의견 대립이 생길 때면 이렇게 말했다.

"하여튼 모모에게 가보세."

모모는 진심으로 귀를 기울여 그저 들을 뿐이었다. 사람들, 폐허가 된 텅 빈 원형극장을 지나가는 바람 소리, 새들, 나무들, 밤하늘의 별들과 달에게도 귀를 기울였다. 모모에게 진정 듣는다는 행위는 말의 의미를 이해하는 것에서 그치는 것이 아니라 마음을 비우고 누군가의 이야기를 진심을 다해 듣는다는 것이었다.

"커뮤니케이션은 단순히 말을 잘하는 것이 아닙니다. 일방적으로 내 이야기를 전달하는 것도 아닙니다. 서로의 마음과 마음이 통하는 것입니다. 말을 유창하게 잘해야 한다는 강박관념에서 벗어나세요. 언어는 수단에 불과합니다. 수단에 휘둘리지 말고 본질을 깨달아야 합니다."

내게 커뮤니케이션의 중요성을 일찍부터 깨닫게 해준 사람은 아버지였다. 아버지는 평소에도 커뮤니케이션의 중요성을 무엇보다 강조하셨다. 웅변대회나 글짓기 대회에 대한 정보는 어떻게 아셨는지 학교 선생님보다 아버지를 통해 먼저 들을 정도였다.

매일 저녁을 먹기 전엔 어린 나를 데리고 산에 가서 발성 연습을 시켰다.

"너는 누구냐?"

"온대호입니다!"

"목소리가 작다. 다시 한 번 크게!"

"온대호입니다!"

"좋아. 하나부터 열까지 있는 힘껏 소리를 지른다. 시작!"

아버지가 시키는 대로 어린 나는 산 중턱 바위에서 크게 소리를 질렀다. 누가 보면 뭐 하나 싶었겠지만 남들이 어떻게 보든 아버지는 자신의 소신대로 매일 저녁 아들을 교육시키기에 여념이 없었다.

솔직히 하라는 대로 하기는 했지만 죽을 맛이었다. 한창 뛰놀고 싶은 나이에 배도 고픈데 아버지 마음에 드는 소리가 나올 때까지 소리를 질러야 했으니 말이다. 하지만 덕분에 커뮤니케이션의 기초가 그때 잡혔던 것 같다.

말과 글은 커뮤니케이션의 기초라던 아버지의 교육을 그때는 이해하기 어려웠지만, 팀원들 앞에서 커뮤니케이션에 대한 강의를 하노라니 그 누구보다 아버지에게 감사한 마음이 들었다. 덕분에 나는 발성을 제대로 하게 되었고, 학교에서나 군대에서나 부지점장과 지점장을 할 때까지 톡톡히 덕을 보고 있으니 말이다.

아침밥부터 먹읍시다

　재무 컨설턴트를 하겠다고 온 사람들은 크게 두 가지 부류가 있었다. 하던 일에서 실패를 해서 다시 시작하고자 찾아온 사람들과 잘 살고 있고 어느 정도 성공도 이루었지만 또 다른 인생을 살고 싶어 하는 사람들이었다.

　어느 쪽이든 그들은 모두 인생 2막을 시작한다는 마음이 강했다. 예전의 나를 보는 것 같아 나는 내가 선발한 사람은 끝까지 책임지리라고 결심했다.

　'어떻게 하면 그들에게 더 큰 비전과 용기를 줄 수 있을까?'

　예전에 고객에게 감동을 주기 위해 백방으로 뛰면서 다양한 일을 시도했던 것처럼 나는 하루도 빼놓지 않고 현장의 컨설턴트들을 격려하기 위해 아이디어를 짜내면서 고민했다. 나 혼자만 잘 한다고 성과가 나오는 일이 아니었기 때문이다. 팀원들이 함께 잘 되는 것이 곧 내가 잘 되는 길이었다.

　리쿠르팅에 성공했다고 그들이 알아서 하겠거니 그냥 두는 것이 아니라 함께 성공할 수 있는 길을 찾고 싶었다. 그런데 뭔가 뚜렷한 방법이 보이지 않았다. 성공한 다른 부지점장들의 이야기도 열심히 듣고 그들의 방법을 따라서 하기도 했지만 왠지 이건 아닌데 하는 생각이 자꾸 들어서 답답했다.

'이상해. 뭐가 빠진 것 같아. 다른 부지점장들처럼 하는데도 단추가 안 맞는 옷을 입은 것 같아. 내가 뭘 잘못하고 있는 걸까?'

어느 날 밤 운전을 하며 사당에서 잠실 쪽으로 가는 길에 예술의 전당에서 유명한 화가의 전시회를 연다는 광고판이 걸려 있는 육교를 보았다. 고등학교 때 사생대회에 나갔던 기억이 났다. 그림에 재능이 있어서가 아니라 학교를 하루 안 나가도 된다는 다소 불순한 의도가 있었기 때문이다.

전교에서 그림 잘 그리기로 손꼽히는 친구 한 명에, 나와 비슷한 의도를 가진 친구 한 명이 함께 참가했다. 그러나 나는 워낙 장난기가 많았고 애초에 진지하게 그림을 그리려고 온 것이 아니었기 때문에 반쯤 그림을 그려두고는 어슬렁거리며 돌아다니기 시작했다.

다른 학교에서 참가한 아이들은 물론 그림 잘 그리는 나의 친구도 자신의 그림에 몰두해서 색칠하기에 여념이 없는데 나와 또 다른 친구 한 명만 한가했다. 그러다 보니 좀 심심해져서 엉뚱한 생각이 들었다.

"야, 대호야, 너 그림 다 그렸냐?"

"아니. 넌?"

"나도. 한 반 정도 그렸나?"

"그럼 우리 서로 바꿔 그릴래?"

나의 제안에 그 친구는 잠시 어처구니없다는 표정을 지었지만 그 것도 재미있겠다며 서로 그림을 바꿔 완성시켰다. 선생님이나 심사 위원이 안다면 뒤로 까무러칠 일이었겠지만 나는 순전히 재미 삼아 한 짓이었다. 그렇지만 아슬아슬하게 시간 안에 제출을 한 것만으로 도 다행이라 생각하며 그림은 까맣게 잊어버렸다.

한 달쯤 지난 아침 조회시간이었다. 난데없이 내 이름이 호명되는 것이었다. 지난 번 사생대회에 내가 낸 그림이 입상을 했다는 것이 다. 틀림없이 상을 탈 것이라고 생각했던 친구 그림 대신 바꿔 그린 엉터리 그림이 심사위원 눈에 들었던 것이다.

'아니, 어떻게 이럴 수가.'

태연하게 친구들의 박수를 받으며 나는 단상으로 나가 상을 받았 지만 어딘가 기분이 찜찜했다. 열심히 그린 친구에게 미안하기도 했 다. 나는 나와 그림을 바꿔 그렸던 친구를 흘깃 보았다. 그는 한쪽 눈을 찡긋하며 누구보다 열심히 박수를 치고 있었다.

'기술적으로 잘 그린 그림보다는 거칠어도 독창적인 것이 나은 것 인가.'

그때 비록 어린 나이였지만 나는 막연하게 예술에 대해 이런 생각 을 했던 것 같다. 피카소, 모딜리아니, 고흐의 그림은 누가 봐도 금방 알 수가 있다. 만약 그들이 살아 있어 똑같은 대상을 앞에 두고 그림 을 그린다 해도 자신만의 오리지널을 그려낼 것이다. 모방은 창조의 어머니라는 말이 있지만 모방에서 끝난다면 그것은 그저 삼류에 불과한 것이다.

문득 그때의 기억이 나면서 내가 해야 할 매니지먼트 또한 마찬가지라는 생각이 들었다. 부지점장으로 내가 무엇을 어떻게 해야 하는지는 내가 고민하고 찾아야 했다. 남들이 성공한 대로 흉내만 내서는 나만의 성공을 이룰 수 없었다.

다른 부지점장들이 내가 한 리쿠르팅 방법을 시도했지만 크게 성공하지 못했던 이유도 그제야 명확히 알 수 있었다. 그들은 그들에게 맞는 방법을 찾지 않고 단지 내가 한 것을 그대로 따라하려고 했던 것이다. 열심히 하긴 했지만 성공이라는 결과가 따라오지 않았던 것은 어쩌면 당연한 일이었다.

'아, 그랬구나. 나도 원숭이 흉내를 내고 있었구나.'

채용 후 관리에서도 남들 다 하는 방법으로 비슷한 성공을 흉내 내는 데 끝내지 말고 자신의 색깔과 개성을 찾아야 했다. 단순한 성공을 위해 기계처럼 미친 듯이 일하기보다 창조적인 방법으로 새로운 성공을 꿈꾸기로 결심했다.

우리 팀의 사람들은 대부분 내 강연을 듣고 재무 컨설턴트라는 직업에 대해 새롭게 알게 된 사람들이 많았다. 좀 더 과장된 표현을 쓴다면 전적으로 나를 보고 온 사람들이었다. 끊임없이 그들에게 무언가를 주려면 부지점장으로서의 나만의 오리지널리티originality를 만들어내는 것이 중요했다.

그날 밤 나는 숱한 위험에도 불구하고 최초로 남극을 탐험했던 아문젠이 된 것 같은 기분을 느꼈다. 컨설턴트 때 그랬던 것처럼 아무도 가지 않은 성공의 길을 개척하고 싶었다. 온대호 부지점장만이 할 수 있는 일을 하고 싶었다.

'그래. 내 마음에서 우러나오는 정성으로 그들을 대하자.'

나는 우선 일주일에 두 번 도시락을 쌌다. 월요일 목요일마다 아침 일찍 회의가 있었는데 다들 아침밥을 제대로 챙겨먹고 나오지 않을 것 같았다. 소중한 내 가족 같은 사람들에게 길에서 파는 차가운 김밥을 먹이고 싶지는 않았다. 별것 아닌 반찬이라도 따뜻한 밥 한 그릇을 먹이고 싶었다. 새벽 3시에 일어나 20인분이 넘는 아침밥을 쌌다.

"이 시간에 당신 뭐해?"

자다가 부스럭거리는 소리에 깬 아내가 눈도 채 못 뜬 채 물었다.

"아침밥 싸."

"아침밥? 웬 아침밥? 지점에서 어디 소풍 가?"

"아니. 다들 굶고 나올 것 같아서 따뜻한 아침밥 먹이려고."

"하여튼. 당신을 누가 말려."

콧노래를 부르며 밥을 퍼담는 나를 보던 아내도 못 말리겠다는 듯 웃었다. 아침 회의를 시작하기 전 두 손 가득 낑낑거리며 들고 간 아침밥을 풀었을 때 처음엔 저게 뭔가 하고 보던 컨설턴트들의 눈들이 일시에 동그래졌다.

"어머나. 세상에."

"아침밥부터 먹읍시다. 다들 먹자고 하는 일인데."

"우와, 이게 다 뭐예요?"

"내가 직접 한 거라 맛은 보장할 수 없지만 시장이 반찬이라는 말도 있잖아요. 다들 일찍 나오느라 아침밥도 못 먹고 나왔죠? 배고플 텐데 식기 전에 드세요."

"부지점장님, 어떻게……."

말을 잇지 못하는 사람들도 있었다. 동그랗게 모여 젓가락을 들고 가끔 반찬 품평도 하면서 웃었다. 함께 밥 먹는 시간이 참 행복했다. 어린 소년소녀들처럼 우리는 즐겁게 이야기를 나누며 웃음꽃을 피웠다.

"앞으로도 아침은 내가 책임질 테니까 걱정하지 말고 회의 때 일찍 나오세요."

"이거야 원, 지각하고 싶어도 도시락 먹으려면 일찍 나와야겠네요."

"솔직히 아침 회의가 있는 월요일 목요일이 제일 싫었는데 이제부턴 기대해도 되겠죠?"

아침 7시에 바리바리 내가 싸온 아침밥을 먹고 회의를 하니 지점 분위기가 달라졌다. 특별한 조찬시간이 된 것이다. 나는 아침밥을 준비하는 것으로 끝내지 않고 과일, 요구르트, 후식까지 준비했다.

지금도 처음 그 아침 식사를 풀었을 때 그들의 얼굴을 잊을 수가 없다. 물결이 번지듯 얼굴 가득 번지던 웃음을 떠올리면 20인분이 아니라 200인분의 도시락도 쌀 수 있을 것 같았다. 혼자 사는 총각 컨설턴트들에겐 가끔 쌀 한 포대씩을 보냈다.

"밥은 잘 먹고 다닙니까? 밥 힘으로 사는 겁니다. 아무리 바빠도 굶지는 마세요."

내 한 마디에 그들은 열이면 열 모두 환하게 웃었다. 그리고 더 힘을 내서 열심히 일했다. 그들의 성과가 내 성과로 이어졌음은 물론이다. 나는 나를 만나는 일이 상대에게도 즐거운 일이 되게 하고 싶었다.

진지한 이야기를 하더라도 심각한 얼굴로 부담을 주는 일은 피했다. 한 번이라도 누군가에게 부담이 되면 두 번 다시 편하게 대하기는 어려웠다. 내가 힘들어도 언제나 팀원들 앞에서는 웃었다. 당시 내 수첩에는 이런 이야기가 쓰여 있었다.

'미소와 유머는 얼음심장도 녹인다.'

나는 가슴을 따뜻하게 녹이는 사람, 팀원 누구에게든 아침이든 낮이든 밤이든 언제라도 이야기를 하고 싶은 사람이 되고 싶었다. 이래라 저래라 하기 전에 내가 열심히 사는 모습을 먼저 보임으로써 그들의 가슴에 감동이 스며들기를 바랐던 것이다.

당신을 끝까지 포기하지 않겠습니다

부지점장으로 능력을 발휘한다는 것은 팀원이 일을 잘하게 관리하는 것을 의미했다. 컨설턴트 때는 잘하던 사람이 막상 부지점장이 되고부터 일이 잘 안 풀리는 경우도 보았다. 다른 사람이야 어떻게 생각할지 모르겠지만 나는 부지점장으로 4개월 만에 전국에서 1등을 한 것이 FC 챔피언을 한 것보다 더 큰 의미가 있다고 생각했다. 피나는 노력과 헌신의 결과물이기 때문이다.

컨설턴트에도 상중하가 있었다. 그러나 누구도 버릴 수 없는 소중한 사람이었기에 상위권 컨설턴트만 챙기는 것이 아니라 중하위권까지 아울러 끌고 가야 했다.

예전에는 나만 잘하면 된다고 생각했다. 하지만 부지점장이 되어 매니지먼트를 하게 된 후부터는 내가 있는 곳이 잘나가는 소수를 위해 다수가 희생되는 구조가 아니라 어떤 자리에서든 자신의 목표를 달성하고 더 큰 그림을 그리고 높은 비전을 지니고 뜨거운 마음으로 삶을 있는 힘껏 살아가는 사람들이 모인 곳이기를 바랐다. 지금 이 자리에서 내가 그렇게 하지 못하면 미래도 마찬가지일 것이라고 생각했다.

어느 조직이나 100퍼센트 상위권만으로 채워지지는 않는다. 그러니 어떤 경우에도 마지막 한 사람이라도 절대로 포기하지 않으리라 마음먹었다. 조금 해보고 힘들다고 그만두려는 사람은 몇 날 며칠이 걸려도 진심으로 설득을 했다.

"마음이 인생을 결정합니다. 본인의 인생을 이대로 끝낼 겁니까?"

"저에겐 부지점장님 같은 능력이 없어요."

"저도 다를 것 하나 없습니다."

"아니에요. 저와는 다르시잖아요."

"다른 점이 딱 하나 있긴 하죠. 쉽게 포기하지 않는 거요. 다시 한 번 해봅시다. 열 번 부딪쳐서 안 된다 하더라도 열한 번째는 될 수 있잖아요."

이 일을 하더라도 성공하지 못할 가능성은 있었다. 특히 장기적인 안목으로 보지 못하고 단기 업적에만 목매다가 조급해하면서 스스로 무너지는 경우가 그랬다. 그래서 꾸준한 3W가 필요했다. 그것은 스스로 나태해지거나 나약해지지 않기 위해서 세우는 방벽이었다.

물론 3W 자체가 때로는 엄청난 고통이고 스트레스였지만 동시에 자신의 나약함을 막아주는 벽이 되기도 했다. 나는 컨설턴트들이 거대한 비전을 세우더라도 오늘 당장 작은 계약을 해서 3W를 이어 나가는 것이 중요하다는 것을 늘 일깨웠다.

부지점장으로서의 하루는 누군가의 멘토가 되어 쉼 없이 그들을 격려하는 시간이었다. 대인관계에 치중을 하다 보니 고민이 없을 수가 없었다. 이런 나의 고민을 아는지 하루는 오래 알고 지내던 지인이 내가 보면 좋을 것이라며 메일로 영화를 한 편 보내주었다.

빌리 밥 손튼이 미식축구 코치로 열연한 미국 영화 〈프라이데이 나잇 라이트^{Friday Night Light}〉였다. 처음 들어보는 제목이었다.

'이런 영화도 있었나. 개봉은 언제 한 거야?'

제목을 봐도 도대체 어떤 영화인지 감이 오질 않았다.

'미식축구가 소재이니 스포츠 영화인가?'

머리가 복잡하니 스포츠 영화를 보면서 머리나 식히라고 보내준 것인가 보다 하고 가볍게 여겼다. 그런데 영화의 어떤 장면에서 나는 나도 모르게 자리에서 벌떡 일어났다. 두 손을 불끈 쥔 상태였다.

나는 영화를 끝까지 다 본 후 다시 돌려서 아까 그 장면을 보고 또 보았다. 그 영화는 진정 능력을 이끌어내는 사람이란 어떤 사람인지 생생하게 그리고 있었다.

코치는 10야드도 힘들어서 절절 매는 한 선수의 눈을 가리고 50야드를 가라고 했다. 자기보다 무거운 다른 선수를 등에 올리고 그는 어쩔 수 없이 두 손과 두 다리를 이용해 기기 시작했다. 땀이 비 오듯 흘렀다. 금방이라도 팔과 다리가 꺾일 것 같았다.

"못 가겠어요. 뼈가 부러질 것 같아요."

"아직이야. 넌 더 갈 수 있어. 한 걸음만 더!"

"이제 한계예요. 이러다 죽겠어요."

"힘을 줘! 움직여! 포기하지 마! 아직 너는 최선을 다한 것이 아니야!"

"진짜예요. 전 더 이상 못하겠어요."

"못 하겠다는 말은 하지 마. 넌 더 갈 수 있어. 열 걸음만 더! 힘을 내. 넌 할 수 있어!"

멀리서 웃으면서 바라보던 동료들이 하나둘씩 일어섰다. 그들은 이미 말을 잃었다. 얼굴엔 놀람과 찬탄, 경이로움이 가득했다.

"두 걸음만 더 가! 움직여. 한 걸음이야. 계속 움직여! 마지막 한 걸음이야!"

마지막 한 걸음을 내딛고 그는 쓰러졌다. 코치는 선수의 눈을 가렸던 수건을 풀었다. 눈에서는 눈물과 땀이 범벅이 되어 폭포수가 되어 흘렀다.

"못하겠다고? 자, 네가 온 길을 봐. 50야드가 아니야. 엔딩 존이다."

10야드도 제대로 가지 못했던 그가 거대한 운동장을 가로질러 엔딩 존까지 온 것이었다. 그에게 코치는 조용히 말했다.

"너는 네 인생의 중심이야. 네가 할 수 없다면 인생도 성공할 수 없어. 네가 포기하면 네 인생도 끝이야. 네가 필요해. 넌 최고야."

나는 그 후로 그 장면만 따로 편집해서 리쿠르팅 때나 교육 때 사람들에게 보여주었다.

"필요하다면 눈도 가리고 귀도 막아야 합니다. 실패하고 말 거야,

라는 두려움의 자외선을 차단해야 합니다."

내가 그 영화에서 배운 것은 여러 가지였지만 그중 절대로 잊지 말아야 할 것은 아무리 훌륭한 멘토를 만난다고 할지라도 성공의 운전대는 본인 자신이 잡아야 한다는 것이었다. 나는 그 점을 여러 차례 강조했다. 누군가를 믿는 것과 전적으로 그들에게 맡기면서 어떻게든 되겠지, 라고 생각하는 것은 다른 문제였다. 의지는 서로에게 필요한 일이었지만 지나친 의존은 금물이었다.

"저는 여러분의 좋은 멘토가 되고 싶습니다. 성공으로 이끌어주고 밀어주고 정상에 오를 때까지 포기하지 않고 끝까지 이끌어주고 싶습니다. 하지만 저라는 멘토는 네비게이션일 뿐입니다. 여러분을 대신해서 운전까지 해줄 수는 없습니다. 초보라고 불안해하지 말고 지금 당장 엔진의 시동을 거세요. 골목을 빠져나와 시내로 진입하세요. 고속도로를 타세요. 성공의 길을 따라가는 운전은 생각보다 어렵지 않습니다. 당신 스스로 운전대를 놓치지 않는 한 저는 네비게이션 역할을 끝까지 할 것입니다. 당신을 끝까지 포기하지 않을 겁니다."

이 영화를 처음으로 컨설턴트들에게 보여준 날이었다. 이 말이 끝났을 때 누구 하나 입을 여는 사람이 없었다. 하지만 나는 그 순간의 뜨거운 분위기로 모두에게 내 진심이 통했다는 것을 알 수 있었다. 많은 강연을 했지만 그날은 어딘지 숙연함이 있었다. 나도 뭔가 기분이 달랐다. 정말로 하고 싶었던 말을 하고 난 후의 후련함보다는 나를 압도할 정도로 책임감이 더 강하게 스며들었다.

'이제부터 진짜구나.'

나는 내가 부지점장으로 부쩍 성장했다는 느낌이 들었다. 물론 어제도 오늘도 일관되게 열심히 노력했지만 멘토로서 부지점장으로서 마음속 깊은 무언가를 꺼내놓은 듯한 마음이 들었다. 가슴 한 구석이 불에 덴 듯 뜨거워졌다. 저절로 '열정'이라는 말이 떠올랐다.

'이것이 바로 숨은 1인치라는 것일까.'

나는 평소 좋아했던 알 파치노의 유명한 영화 대사를 떠올렸다.

"인생과 풋볼이란 게임은 1인치가 결정한다. 그 1인치는 도처에 널려 있고 그것들이 모여 승패와 생사를 좌우한다. 어떤 종류의 싸움이건 죽을 각오가 된 자만이 그 1인치를 찾아낸다. 내가 살아 있는 이유는 그 1인치를 위해 죽을 듯이 싸우기 때문이다. 그게 인생이다."

나는 늘 숨겨진 1인치를 찾으려고 고군분투했다. 남들과 같아서는 나만의 성공을 이룰 수 없었고 컨설턴트로 살든 부지점장, 지점장으로 살든 진정한 성공을 이루려면 나만의 스토리가 있어야 한다고 믿었다. 남들보다 1인치만 더 열정을 다해 능력을 펼쳐 보일 수 있다면 성공은 이미 이룬 것이나 다름없는 것이다.

당신의 열정은 몇 도입니까?

한 번은 사업을 했다가 그만두고 아버지의 권고로 재무 컨설턴트를 하려 한다는 청년을 만나게 되었다. 부지점장은 리쿠르팅이 생명이니 누군가의 소개든 스스로 찾아오든 모두 반가울 수밖에 없었다. 게다가 직접 그를 만나보니 정말로 호감이 가는 청년이었다. 그런데 어딘가 얼굴빛이 어두웠다.

"얼굴이 안 돼 보이네요. 무슨 걱정이라도 있어요?"

"요즘 잠을 잘 못자서요."

"무슨 일인데요?"

그는 다니던 직장을 그만두고 레스토랑 사업을 시작했는데 생각보다 잘 안 되어서 투입되는 투자비만 늘고 시간이 지날수록 적자가 심해 1년 만에 접었다고 했다. 생전 부족함 없이 자란 사람이라 인생에서 처음 겪어본 실패가 혹독하게 느껴질 법도 했다. 그는 시험에서도 연애에서도 취직에서도 승승장구하기만 했지 남에게 뒤떨어진 적이 없었다고 했다. 유학에서 돌아오자마자 우리나라 최고 대기업에도 단번에 합격했다. 영어 실력도 네이티브 급이었다.

"이유가 뭐였다고 생각하세요?"

"글쎄요, 경기가 힘든 탓일까요."

이 대답을 듣는 순간 그가 실패할 수밖에 없는 사람이라는 생각이 들었다. 나는 자신의 성공도 실패도 일단은 자신의 내부에서 찾는 것이 우선이라고 생각하는 사람이다. 다시 질문을 던졌다.

"그것도 한 가지 이유겠지만 또 다른 이유를 찾는다면요?"

"솔직히 아버지가 원망스러워요. 투자를 조금만 더 해주셨더라도……"

나는 속으로 혀를 찼다. 사실 그의 부친은 내 고객이었다. 그에게는 말을 하지 않았지만 그의 부친과 함께 그가 운영하는 레스토랑에 갔던 적이 있었다. 음식 맛도 그만하면 괜찮았고 분위기도 좋았는데 뭔가 허전했다. 그 장소만의 특별함이 없었던 것이다. 보통 수준은 되었지만 정말로 소중한 사람과 꼭 다시 찾아오고 싶을 정도는 아니었다. 그만큼 열정을 쏟아 부은 흔적이 보이지 않았던 것이다. 나는 마지막으로 물었다.

"다른 일도 많은데 FC를 하려는 이유는 뭐예요?"

"이유야 별것 있나요. 돈 좀 벌면 여행도 다니고……"

나는 안타까웠다. 심오한 마인드나 거대한 목표까지는 아니더라도 겨우 '돈 조금 벌기 위해'서라니. 돈이 중요한 것은 사실이다. 다들 대놓고 말하지 않아서 그렇지 경제적 자유는 인생의 자유와도 깊은 연관이 있는 것이다. 그러나 돈은 성공에 저절로 따라오는 것이지 성공의 최종 목표는 아니라고 생각했다.

"FC라는 일이 쉽지 않다는 것은 알고 있어요?"

"그래요? 사실 보험이 뭔지 잘 몰라요."

이야기를 나눌수록 더욱 깊은 한숨이 나왔다. 나 또한 처음엔 보험이 뭔지도 몰랐으니 그를 탓할 수도 없고 할 말도 없었지만 내가 문제라고 생각한 것은 그의 태도였다. 가슴이 떨 정도로 열정적으로 일에 뛰어들 모습은 눈을 씻고 찾아봐도 볼 수가 없었기 때문이다. 나를 믿고 아들을 보낸 고객에게는 미안했지만 돌려보낼 수밖에 없었다.

"다시 한 번 생각해 보는 게 좋겠어요. 자신에게 어울리는 일을 찾아봐요."

"역시 그렇겠죠?"

그가 아니라고, 그래도 열심히 해보겠다고 한 마디라도 했다면 나도 생각이 바뀌었을 것이다. 그러나 아무리 사람이 없다 해도 의욕도 열정도 없는 사람을 굳이 뽑고 싶지는 않았다. 그에게도 마음속 깊은 곳에 숨어 있는 열정이 분명히 있었을 테지만 스스로 꺼내지 않는 이상은 나도 더 이상 도울 수가 없었다.

반면 한 달 전에 있었던 일이 생각났다. 한 식당에 갔더니 한 젊은 친구가 땀을 뻘뻘 흘리면서도 즐겁게 식당 일을 돕고 있었다. 싱글벙글 보기만 해도 저절로 따라 웃게 되는 함박웃음을 지은 채 연신 큰 소리로 손님을 맞으며 상을 치우고 음식을 나르는 것이었다. 계산을 하며 주인에게 말을 건넸다.

"아드님이신가 보죠? 참 잘 키우셨네요. 보기만 해도 든든해요."

그러자 예상하지 못했던 엉뚱한 대답이 돌아왔다.

"아니예요. 자주 오는 손님이세요. 그 뭐라더라 FC라든가, 보험 하시는."

주인은 아들을 보는 듯 흐뭇하게 청년을 바라보았다. 나는 정말 깜짝 놀랐다.

"손님이라고요? 그런데 왜 저렇게 열심히 돕는 거죠?"

"천성인가 봐요. 자주 밥 먹으러 오면서 붙임성 있게 말도 붙이는 게 참 서글서글한 청년이다 싶었는데 저희 집 양반이 지난주부터 몸이 안 좋다는 걸 알고는 저렇게 돕네요. 한가할 때는 저 혼자 해도 되는데 바쁠 때는 영 걱정이었는데 덕분에 손님이 더 늘었어요. 정말 출가 안 한 딸이라도 있었음 당장 사위 삼고 싶다니까요."

나는 그 젊은 청년을 더욱 눈여겨보았다. 성실하고 진지하면서도 남을 배려하는 성품이 행동에 그대로 배어나오는 것 같았다. 다음날 다른 지점의 지점장과 일부러 바쁜 때를 골라 다시 그 식당엘 찾아갔다. 그 날도 그 청년은 자기 일처럼 식당 일을 돕고 있었다. 단골로 보이는 손님들이 그를 알아보고 먼저 인사를 했다.

"아들인가? 거 참 일 시원시원하게 잘도 한다."

나는 그저 웃기만 했다.

"그런데 소개한다던 사람은 아직 안 왔어?"

그 지점장은 자신을 도울 부지점장을 찾고 있었다. 누군가 적당한 사람은 없는지 내게 물은 적이 있어서 일부러 데려온 자리였다.

"저기 있잖아요."

"벌써 와 있었어? 어디? 누군데?"

나는 큰 소리로 웃으면서 손님을 맞는 청년을 눈으로 가리켰다.

"저 정도면 어때요? 훌륭하지요?"

"온대호 부지점장이 아는 사람이야?"

"아니요. 저도 여기에서 처음 본 사람이에요."

나는 간단히 설명을 해주었다. 그도 청년이 일하는 모습을 잠깐 지켜보더니 마음에 든 듯했다. 1주일 정도 지나서 전화가 왔다. 그를 자기 지점의 부지점장으로 스카우트했다는 것이었다.

나는 그 청년으로 인해 현재 내가 일하고 있는 모습을 언제라도 남에게 당당하게 보일 수 있는지 다시 한 번 돌이켜보았다. 한순간이라도 부끄러운 때는 없었는지 반성의 계기로 삼았다. 언제 어디서 누군가가 나를 지켜보고 있었을지도 모르는 일이었다.

보는 사람이 있든 없든 언제나 최선을 다하면 반드시 빛이 나기 마련이다. 일을 할 때는 가벼운 요령을 피우기보다 진심으로 전력투구해야 한다. 가짜로 낸 광은 시간이 지나면 희미해지지만 진짜 빛은 어두운 밤에도 사람들 눈에 띄기 마련이었다.

'나의 열정은 몇 도일까?'

그날 밤 나는 곰곰이 생각에 잠겼다.

'나는 지금 무엇을 하고 있는가? 충분히 열정을 쏟고 있는가?'

나는 다시금 팀원들의 얼굴을 하나하나 떠올렸다. 그들을 위해서라도 나를 위해서라도 뜨거운 열정을 다시 불태워야 할 때였다. 그리고 나의 열정은 새로운 무대를 향한 도전으로 이어졌다. 변화를 시도하는 있는 ING를 떠나 더 큰 비전에 도전할 것인지 결정할 때가 온 것이다.

뒤따라가면서도
앞서가는 비밀

경력이 너무 짧네요

2008년 ING 글로벌 금융그룹의 중심이며 유럽이 주 활동무대인 ING 은행이 세계 금융위기의 직격탄을 맞으면서 ING 그룹은 본사가 주도하는 구조조정과 비용절감에 들어가야 했다. ING 코리아도 예외는 아니었다. 일단 구조조정의 신호탄이 먼저 보였다. 상무 직책에 있던 분이 다시 지점장으로 회귀하는 초유의 사태가 일어나기도 했다.

"이러다 우리도 어떻게 되는 거 아냐?"

"더 튼튼한 곳으로 옮겨야 하나?"

"천하의 글로벌 기업인 ING도 이런데 다른 데라고 뭐 다를 것 있겠어?"

사람들은 모이기만 하면 온갖 풍문들을 꺼내며 은밀한 이야기를 나누곤 했다. 나는 남의 말에 끼어들어 이러쿵저러쿵 하는 대신 더욱 리쿠르팅 세미나에 열정을 바쳤다. 이런저런 이야기에 휩쓸리기보다 오늘 나의 할 일을 다 하는 것이 오히려 더 가치 있다는 생각이 들었다.

회사는 새로운 도약을 시도하고 있었고, 나는 ING에서 공석으로 두고 있던 지점의 지점장 제의를 받았다. 나는 다시 한 번 깊은 고민에 들어갔다.

이 업계에서 지점장은 '보험업계의 꽃'이라 불린다. 하나의 지점은 하나의 회사와 같다. 소득도 개인별 신고제였다. 회사마다 다르지만 정해진 액수의 연봉을 받는 고정월급형 지점장이 있었고, 자기 능력에 따라 소득을 올리는 사업형 지점장이 있었다. 외자계는 대개 사업형이고 국내계는 둘 다 있는 경우가 많았다. 나는 처음부터 월급형은 생각지도 않았다.

컨설턴트가 현장에서 고객을 위해 뛰는 일이라면 부지점장은 그런 여러 명의 컨설턴트들을 뽑아 훈련시키고 격려하는 일을 했고, 지점장은 부지점장을 트레이닝하고 늘 새롭게 도전하도록 독려하는 역할과 지점의 경영 관리를 하는 직책이었다. 부지점장의 고객이 컨설턴트들이라면 지점장의 고객은 부지점장과 컨설턴트들인 셈이었다.

지점장은 한 회사의 최고경영자처럼 보험금융 세일즈 조직의 최정점에 위치했다. 뽑는 것도 운영하는 것도 관리도 모두 지점장의 수완에 달려 있었다. 그만큼 책임도 컸지만 사무실이나 책상 등 기기는 회사에서 모두 세팅을 해주었기 때문에 자기자본이 드는 것은 아니었다. 지점장이야말로 '온대호 주식회사'의 진정한 오너가 되는 일이었다.

지점장이라는 위치는 본인 혼자서만 잘한다고 되는 위치는 아니었다. 부지점장들의 열정과 투혼이 기초가 되어야 하고 거기에 재무 컨설턴트라는 인재들이 모여서 하나의 성공이라는 꿈과 목표를 향해, 고객들의 소중한 이익과 리스크 관리를 위해 있는 서비스를 다 해야 하는 일이었다.

그래서 지점장은 좋은 인재들을 선발해서 더 나은 시스템과 환경에서 그들을 트레이닝시켜야 하며 최고의 비전을 심어줘야 한다. 나는 말단 컨설턴트부터 혹독한 부지점장을 거쳐, 지점장에 오르면서 나만의 철칙을 만들었다. 매니저가 되는 순간부터 나보다는 함께 하는 컨설턴트 입장에서 생각하고 행동의 기준을 삼는 것이었다. 컨설턴트들이 추후에 지점장의 목표까지 뛰기에 가장 최고의 조직은 어떤 곳인지를 본능적으로 찾아내야 했다. 좋은 조직과 좋은 상품이 있고 다함께 '으라차차' 하는 분위기를 만들어줘야 했다.

1990년대 중반 국내에 외국 보험사들이 진입하면서 국내 보험금융업계에는 이미 한 차례 큰 지각변동이 있었다. 10년이 넘는 세월이 흐르는 동안 재무 컨설턴트는 재무 주치의, 자산관리사로 그 개념과 역할이 확대되고 있었다. 특히, 이번 세계 금융위기는 국내 보험금융업계에도 큰 지진을 일으켰다. 그 여파로 테헤란로의 지각 변동은 지금도 진행형이다. 국내 보험사들이 외국계가 점유했던 분야들을 다시 치고 올라오면서 전향적인 변화를 시도하고 있었다.

그중에서 가장 앞장서 변신을 시도하고 있는 곳이 바로 교보생명이었다. 세계 금융위기를 겪으면서부터는 국내 보험사들이 외국 계열을 다시 앞질러나가기 시작한 것이다. 그러니 좋은 인재를 발탁하려는 움직임은 끊이지 않는 것이 당연했다. 특히 VIP 채널 강화를 위해 교보생명에서는 3년 전부터 특화된 채널인 FMG^{Financial Masters Group}를 기획해서 강남권과 전문직 고소득을 타깃으로 하는 스페셜리스트들을 뽑아 새로운 전형을 진행하고 있었다. FMG는 VIP 고객을 대상으로 맞춤형 종합자산관리 서비스를 제공하는 금융전문가 그룹을 표방했다. 그 출발의 타이밍은 2009년이었다. 나는 성장가도를 달려야 하는 업계의 박지성이었고, 그 무대를 이끌어주는 드넓은 프리미어 리그, 즉 메이저 리그가 필요했다.

나와 교보생명 FMG의 필요충분조건이 맞아떨어진 것이다. 나는 명분과 실리가 모두 필요했고, 교보생명은 실전에서 펄펄 나는 현장형 지점장이 필요했다. 업계에서는 이미 '토종의 대반격'이라는 헤드라인이 화두가 됐고, 외국계는 AIG를 필두로 기세가 꺾이기 시작했다. 그 와중에 국내사들은 특화된 시장의 잡아채기를 선언했다.

나는 늘 생각해 오던 컨설턴트들의 비전을 기준 삼아 테헤란로의 상황을 판단했다. 컨설턴트에 의한, 컨설턴트를 위한, 컨설턴트의 성공 무대를 찾아내 그들의 당당한 멘토가 되어야 했다. 내가 말로만 좋다고 해서 되는 것도 아니고 실제로 컨설턴트들의 합격점을 받아야만 이 업계에서 치고 나갈 수 있었다. 컨설턴트들의 입장에서 네비게이션을 가동시켜야 했다. 경제적 자유와 직업의 가치를 실현

시켜 나가는 데 최적의 무대가 어디인가를 늘 갈구해야 했다.

나 개인만의 입장에서만 생각해서 될 일이 아니었다. 난 이미 지점장을 선택해 매니저가 되었다. 아니 '온대호 주식회사'라는 경영자 입장에 섰다. 컨설턴트들을 위한 최고의 무대를 찾아내 보여줘야 했다.

나는 고민 끝에 결국 ING 지점장 자리를 고사했다. ING를 떠나 더 큰 도전을 해야 할 때라고 여겼기 때문이다. 나는 다른 매니저나 컨설턴트와는 비전과 입장이 달랐다. 그 누구에게도 휩쓸리지 않고 연연해하지 않는, 테헤란로의 글로벌 마케터가 되자. 나는 테헤란로의 글로벌 마케터로서 자신감 넘치는 당당한 나를 상상했다.

전격적인 결정이었다. 나는 우선 당시 함께 하고 있는 컨설턴트들에게 알렸고, 몇 번의 고뇌 끝에 이동을 결정했다. 쉽지 않은 판단이었다. 하지만 분명 흐름은 알 수 있었다. 몇 번이고 심사숙고해서 내린 결정이었다. 몇몇 컨설턴트와 부지점장들이 같이 따라나서겠다고 의사를 표했다. 난 컨설턴트들의 판단을 우선순위에 두었다. 함께 하든 같이 못가든 그들을 존중했고, 처음 시작했던 곳에서 끝까지 같이 못해서 미안했다. 하지만 앞으로가 더 중요했다. 더 나은 비전을 위한 경영자로서의 결단을 내렸던 것이다. 앞으로의 사업을 위해 필요한 변화의 시도였다.

그 다음 현실적인 문제는 나의 고객들이었다. 나를 믿고 계약과 비전을 맡겼던 고객들에게 상황을 설명했다. 현재 처한 보험금융업계의 정확한 상황 인식과 앞으로의 내 비전, 그리고 고객의 입장에서도 좀 더 나은 미래와 무대가 필요하다는 설득이었다. 기존의 보험상품에 대해서는 남아 있는 컨설턴트들이 관리해 줄 것이지만, 고객의 미래를 위한 통합적 자산관리는 내가 해주면 되었다.

다행히 대부분의 고객들은 내 신념에 힘을 실어줬고, 기존 회사에 있던 계약들은 대부분 그대로 유지하고 있는 상태다. 나는 내 고객만을 전담할 수 있는 동기를 찾아내 고객 전원의 전반적인 케어를 요청하고 이관을 했다. 지금까지도 그 컨설턴트가 잘 해내고 있고, 고객의 별도 애로사항은 내가 직접 나서서 해결해 주고 있다. 한마디로 한 번 고객은 영원한 고객이라는 원칙에서다.

컨설턴트 시절에도 나는 늘 VIP 시장을 중시하면서 활동했다. 흔히 VIP라 함은 현금자산 10억 원 이상의 고객을 통칭한다. 보통사람들은 보험으로 기본적인 위험 보장을 받으면서도 주식이나 펀드 등 수익률이 높은 재테크 수단에 관심을 가져야 자산을 늘려갈 수 있지만, 부자들의 재테크 수단은 좀 다르다. 그들의 관심사는 돈을 불리는 데도 있지만, 세금을 줄이는 일이야말로 최고 관심사 중의 하나다.

예컨대 VIP들이 사망해 상속금액이 10억 원이 넘으면 세금으로 최대 40퍼센트까지 내야 한다. 30억 원이 넘을 경우는 50퍼센트를 세금으로 내야 한다. 누진공제 4억 6천만 원을 제외한 11억 4천만 원을 상속세로 내야 한다. 다시 말해 상속세는 VIP들의 마지막 인생의 숙제이기도 하다. 5단계 초과누진세율이 적용되기 때문에 절세 프로그램을 가동한 포트폴리오를 미리 준비만 한다면 상속세 폭탄을 피할 수도 있다.

특히, 한국형 VIP들은 금융 자산보다 부동산 자산가들이 많기 때문에 실제로 상속세를 내야 할 상황이 되면 현금이 부족해 부랴부랴 부동산 급매를 통해 상속세 재원을 마련하는 경우도 허다하다. 그러면 결국 부동산은 제 값을 받지 못하고 빨리 팔게 된다. 두 번 손해를 보는 것이다. 때문에 VIP들이 상속세 재원을 위한 고액 종신보험이나 변액 유니버설 종신보험에 가입해 끝까지 유지만 한다면, 상속세를 내기 위한 현금 부담이 한층 가벼워진다.

그래서 VIP들은 종신보험의 규모가 일반 종신보험과는 다르다. 피보험자가 사망했을 때, 예를 들어 VIP 부모가 돌아가셨을 때 사망보험금이 최소 10억 원 이상 받을 수 있게 종신보험에 가입한다. 때로는 40억 원 이상의 초고액 종신보험에 가입을 한다. 일반인들에게 적용되는 가족 보장의 리스크 관리 차원과 다른 개념에서 종신보험의 청약이 이루어진다. 그렇기 때문에 보험이나 채권이 부자들의 재테크 수단으로서 최고의 환영을 받을 수밖에 없는 것이다.

당시 나는 VIP를 넘어서 현금자산 100억 원 내외의 고객을 대상으로 하는 VVIP를 대상으로 하는 컨설팅을 주도했다. 그래서 교보생명이 추구하는 전문 고소득 그룹을 대상으로 하는 금융전문가 FMG의 정체성을 듣고 그 의미를 깨달은 후에는 주저할 것 없이 선택했다.

새로운 도전에 대해 어려움은 당연히 있을 것이다. 그러나 그 어려움은 어디에나 있는 것이다. 단지 자신이 갖고 있는 역량과 이 일에 대해 나의 DNA가 맞느냐 안 맞느냐의 문제였다.

회사를 옮길 때 나는 여러 선배들에게서 조언을 얻어서 다섯 가지 원칙을 세우고 있었다. 첫째는 한 번 결정하면 두 번 다시 뒤돌아보지 말 것, 둘째는 모든 사람을 데려가지 말 것, 셋째는 남에게 의견을 묻지 말고 스스로 결단력을 가지는 리더십을 발휘할 것, 넷째는 업적이 좋아도 나하고 안 맞거나 품성이 안 좋으면 함께 하지 말 것, 마지막으로 돈만 보고 가지 말 것이었다.

지점을 운영하는 시스템을 파악하고 리쿠르팅의 현황과 트레이닝 방법, 업적, 생산성, 감찰, 부지점장 라인업 등을 각 회사별로 꼼꼼하게 살폈다. 최종 기준은 컨설턴트와 부지점장이 잘 살아남을 수 있는 조직인가 하는 것이었다. 나는 어떤 식으로든 살아남을 수 있었지만 나와 함께 다른 사람들도 함께 살아남을 수 있는지가 더 중요했다.

고심 끝에 교보생명에서 지점장 면접을 보기로 했다. FMG 추진 단장인 상무는 인상이 목사 같은 분이셨다. 어느 회사든 지점장 면접은 사장급 임원까지 본다. 면접 내용은 컨설턴트 때나 부지점장일 때와는 비교가 되지 않을 정도로 까다로웠다. 눈에 띄는 내 업적에도 불구하고 부사장은 작은 틈도 놓치지 않는 깐깐한 시각을 보였다.

"컨설턴트 활동 기간도 매니저 기간도 너무 짧네요."

내 자질에 대한 혹독한 심층 면접이 이어졌다.

"오래된 이빨 빠진 호랑이보다는 펄펄 뛰는 박지성이 낫지 않습니까. 저는 보험업계의 박지성으로 뛸 자신이 있습니다."

나는 살벌한 분위기 속에서도 기가 죽지 않고 태연하게 말했다.

면접을 보고 온 후에도 나는 결과에 연연하지 않고 여전히 내가 할 일을 열심히 계속했다. 내일 당장 교보생명에 가는 일이 있어도 오늘 일은 최선을 다하고 싶었다. 그날 오후에는 리쿠르팅 세미나가 준비돼 있었다.

"제가 잠시 자리를 함께 해도 되겠습니까?"

예상도 하지 못했던 손님이었다. 교보생명 상무가 직접 찾아왔던 것이다.

"아니, 여길 어떻게……."

"예전부터 소문이 자자한걸요. 리쿠르팅 실력이 대단하다고요. 여기저기서 이야기 많이 들었습니다."

내가 교보생명 지점장으로 전격적으로 발탁된 것은 그분의 결정적인 힘이 컸다. 나중에 들은 이야기지만 내가 리쿠르팅 세미나를 하는 것을 보고 감명을 받았다고 한다. 그러나 10년 된 쟁쟁한 경력자들을 물리치고 뽑힐 수 있었던 더 큰 원인은 내가 만든 영상물 덕분이었다.

ING 팀원들을 담아낸 영상물이었는데 '모든 사람들이 역경을 딛고 일어서도록 하겠다'는 나의 사명서를 맨 마지막에 자막으로 삽입해 보여주는 장면이 있었다. 이 '나의 사명서'는 스티브 코비 스쿨에서 연수를 받을 때 마지막 날 썼던 것이었다. 긴 한 줄의 만연체로 썼다.

나의 사명서

나의 사명은

우리네 사람들에게 베푸는 것이다.

열심히 혹은 부단히 성공을 위해,

애쓰는 사람들에게 따스한 사랑을 얘기하고,

할 수 있다는 믿음을 심어주고, 강한 자신감을 배양하며,

자발적인 주인정신으로 의사소통의 리더가 되고,

성실한 존중을 토대로 가족의 소중함을 되뇌이며,

나보다 더 상대방을 생각하는 배려와 함께 세상에 나아가,

끝없이 미래 지향적인 불굴의 도전으로 성장을 추구하고,

대담한 용기로 숨 막히는 어려움을 슬기롭게 극복하고,

역경에서 좌절하지 않고 굳건하게 일어서는 불사조 같은,

진심어린 그런 가슴을 가진 보통 우리네 사람들에게,

그 누구도 상상하지 못한 무한한 잠재력을 바탕으로,

더욱더 나은 찬란한 미래를 위해 최선을 다하며,

무한열정의 투혼과 불광불급의 몰입 멘토링으로,

창조적인 삶을 열어갈 수 있도록 베풀어 감이다.

이 모든 힘의 원천은 나와 함께 하는 사람들이다.

당시 상무님은 이렇게 회상을 했다.

"저 정도 정신을 가진 사람이라면 뽑아도 절대 후회하지 않겠다."

교보생명으로 옮겨와 지점장으로 일하면서 보험금융업계는 계속해서 더 큰 업그레이드가 가능한 무대라는 것을 깨달았다. 이젠 자본시장 통합법이 발효되면서 보험, 증권, 은행의 벽이 무너지고 있다. 은행에 가서도 변액연금을 가입할 수 있고, 증권사에서도 마찬가지다. 그리고 보험사에서도 역시 주택마련장기저축이나 펀드에 가입할 수 있다. 이제는 보험과 금융 할 것 없이 하나의 카테고리에서 전면전을 펼치고 있다. 방카슈랑스는 그 신호탄이다. 그 중심에는 아시아 보험사 1위에 오른 교보생명이 있었고, 그중 특화된 채널 FMG가 있고, 거기에는 지점장 온대호가 있는 것이다.

이제는 지점의 FA(교보생명은 FC 대신 FA라는 명칭을 쓴다)들과 부지점장들이 나를 멘토로 삼아 성공을 거두는 모습을 보는 것이 보람찬 일이 될 것이었다.

보험업계에 막 발을 담갔을 무렵은 나 혼자만 잘 하면 되는 개인기업의 컨셉이었지만 지금은 많은 사람을 책임지는 온대호 주식회사에 한 발 더 가까워진 기분이 들었다. 조직 전체를 보면서 더 큰 그림을 그릴 기회가 온 것이었다.

교보생명 지점장으로 부임한 후 첫 연설을 할 기회가 있었다. 누군가 물었다.

"지점장으로서의 비전은 무엇입니까?"

"저의 역량을 교보생명이라는 새로운 무대에서 다시 한 번 시험해 보고 싶습니다. 고객들과 그들의 소중한 가족을 지켜내는 리스크 관리 전문가로서 자산관리와 인생 비전을 제시해 주는 우리 직업의 소중한 가치를 지키고 싶고, 경제적 자유도 함께 얻어가는 자아실현 또한 함께 이루고 싶습니다. 여러분들이 저를 통해서 삶이 한층 질적으로 높아지고 이 업계에서 중추적 역할을 하게 되기를 바랍니다. 서로 깊은 신뢰 속에서 신나게 일하며 함께 윈윈하는 지점으로 만들고 싶습니다."

나는 온대호라는 하나의 브랜드가 되어 롤 모델이 되고 싶다는 생각을 했다. 온대호가 갖는 하나의 상징성을 통해 잘했던 사람이건 못했던 사람이건 누구나 새로운 성공은 가능하다는 것을 보여주고 싶었다. 과거에 어떤 사람이었건 현재를 어떻게 살아가느냐가 중요하며, 지금 눈앞의 성공을 다음 성공으로 꾸준히 이어가는 것이 가능하다는 것도 알리고 싶었다.

그리고 이 일을 시작하기 전에는 나부터 보험에 대한 편견과 고정관념을 지니고 있었기에, 나는 재무 컨설턴트 일을 시작할 때부터 많은 사람들이 가지고 있는 세일즈 마케팅 분야에 대한 편견과 자신의 능력을 과소평가하는 틀을 깨주고 싶다는 마음이 강했다.

하지만 당장은 눈앞의 일을 해결해야 했다. 일단은 내가 지점장으로 있는 APEC에이펙 지점을 일 잘하는 지점으로, 마치 고급 브랜드처럼 만들겠다고 결심했다. 그래서 언젠가는 이런 대화가 오고갈 것을 꿈꾸었다.

"어디 지점 출신이에요?"

"APEC 지점요."

"오? 그래요?"

지점명을 정할 때 고민이 많았다. 챔피언 지점, 그랑프리 지점, 스타 지점 등을 생각해 봤지만 다른 보험사나 지점들이 이미 쓰고 있었다. 좀 더 새롭고 글로벌스러운 컨셉을 추구하고 싶었다. 월드 지점은 이미 있어서, '아시아 지점' 해봤다. 그래도 느낌이 안 왔다. 그러다 아시아 태평양이 생각났고 이어 아시아태평양 경제공동체인 APEC이 생각났다. 그래 딱이야 하는 느낌이 들어 설문조사를 해봤더니 신선하면서도 도전적이고 수준 높은 이미지가 떠오른다고 했다. 그래서 확정한 것이 APEC 지점이다. 풀면 'ASIA PACIFIC ECONOMIC CHAMPION' 즉 '아시아태평양경제챔피언'이란 뜻이다.

내가 교보생명 FMG로 옮기고 나서 2008년 현재 교보생명은 국내사와 외자계를 통틀어 한국시장에서 수익률 1위를 탈환했고, 이어 2009년에는 아시아 태평양지역 20여개국 150여개의 보험사들이 참여한 세계 재보험 컨퍼런스에서 국내 보험사로는 처음으로 '아시아 1위 보험사'로 선정됐다. 지금 나는 우연인지 필연인지, 아시아 1위 보험사 교보생명에 걸맞게 특화채널 FMG의 선두 그룹인 APEC 지점장으로서 열심히 부지런을 떨고 있다. 그 중심에는 온대호라는 한 인간과 APEC 지점을 명실상부한 명품 브랜드로 만드는 숙제가 있다.

테헤란 프로젝트

강남역에서 삼성역에 이르는 일명 '테헤란로'에는 수많은 보험회사들의 지점들이 즐비하게 들어서 있다.

'테헤란 프로젝트.'

현장 컨설턴트 초기 시절 끊임없이 '탑 10'을 외치고 다녔던 것처럼, 교보생명 지점장이 된 뒤 나는 '테헤란 프로젝트'라는 말을 입에 달고 살기 시작했다.

'지금은 평범한 일개 지점이지만 곧 여러 지점을 탄생시킨 거점이되어 슈퍼 브랜치로 거듭날 것이다.'

APEC이라는 하나의 지점이 성장해서 규모가 커지면 APEC을 중심으로 하는 또 다른 지점들이 파생된다. 나와 함께 일했던 부지점장들이 지점장으로 독립해 각각의 지점들을 꾸리면 APEC 지점은 모 지점으로서의 기능을 하게 되어 슈퍼 브랜치로 성장할 것이라고 생각했다. 이것이 내가 생각한 '테헤란 프로젝트'의 골격이었다. 이미 북미나 유럽권에서는 슈퍼 브랜치들의 활약이 대단하다. 나는 이미 그들의 시스템을 어느 정도 벤치마킹했고, 성공한 그 틀 안에서 또다른 한국형 슈퍼 APEC 브랜치를 꿈꾸고 있다. 그래서 슈퍼 브랜치 안에 각각의 독립 지점들이 APEC을 통해 성공 본능의 DNA를 이식받고 제대로 된 석세스 비즈니스 모델을 창출하기를 기원하고 고대한다. 그들에게는 '온대호 주식회사'의 APEC 혈통이 성공의 지름길로 가는 원동력 같은 역할이 되도록 나는 또다른 열정과 노하우를 쏟아낼 것이다.

내가 그리고 있는 APEC 지점의 이상은 휴먼 소스 비즈니스가 이루어지는 곳이다. 따라서 좋은 인재들을 많이 발굴해 육성하는 것이 테헤란 프로젝트의 핵심이 될 것이라고 믿고 있다. 지금은 내 열정과 근성을 알고 있는 사람들이 모여들기 시작하면서 이제 막 닻을 올린 상황이라고 말할 수 있다.

나는 테헤란 프로젝트를 끊임없이 되뇌며 APEC 지점을 파이낸셜 업계의 랜드마크로 키우리라고 결심했다. 그것은 현재 나의 가장 중요한 미션이다.

현장 컨설턴트로 일하던 순간에도 나는 원하는 목표를 설정하면 간절하게 바라고 또 바랐다. 온대호 주식회사의 오너로서 나는 어떤 폭풍과 눈보라에도 흔들리지 않을 자신이 있었다. 이런 나를 우리 지점의 누구는 '온달 장군'이라고 불렀다. 실제로 내 조상이 온달 장군이기도 하지만 장군처럼 추진력이 있다고 해서 누군가 농담 삼아 부르기 시작한 것이 어느새 별명으로 굳어진 것이었다.

지점장이 되니 전체를 보고 결정을 내려야 하는 때가 많았다. 내가 지점장이 되었다고 해서 없던 능력이 갑자기 하늘에서 뚝 떨어지는 것은 아니다. 다만 한계에 부딪치는 순간이 올 때마다 나는 '사과의 맛'을 떠올렸다.

어렸을 때 사과를 먹고 배탈이 난 적이 있었다. 군대에 가기 전까지 나는 사과를 못 먹었다. 사과만 봐도 저절로 얼굴이 찌푸려지고 배가 아파왔다. 복숭아 알레르기는 들어봤어도 사과 알레르기는 처음 들어본다며 다들 신기해했다. 남들이 뭐라 하건 꿋꿋하게 20대 중반까지 나는 사과를 못 먹는 사람으로 살았다.

군대에 가서 처음 행군을 하는데 저녁 무렵이었다. 돌아갈 길은 아직 멀었고 다리는 이미 감각이 사라졌다. 걷는다는 의식도 없어진 지 오래여서 기계적으로 다리를 움직일 뿐이었다.

배는 고프고 몸은 힘드니 제대로 앞도 보이지 않았다. 그저 앞 사람 뒤통수만 보면서 걷고 또 걸을 뿐이었다. 잠깐 쉬는 시간이라 길가에 아무렇게나 뻗어 있는데 지나던 트럭에서 사과 몇 개가 내 쪽으로 떨어졌다. 트럭 위에서 사과를 파는 아저씨가 웃으면서 손을 흔들었다. 내가 하도 불쌍해 보이니까 이거라도 먹으라고 던져준 것이었다.

'하필이면 사과라니!'

그러나 그때는 이것저것 가릴 처지가 아니었다. 반으로 쪼개 한 입씩 나눠먹는 사과는 그야말로 꿀맛이었다. 세상에서 무엇과도 바꿀 수 없는 맛이었다. 그때 이후로 나의 사과 알레르기는 사라졌다.

지금도 제일 좋아하는 과일 중의 하나다. 사과의 맛을 다시 찾은 것이다.

'사과가 싫다'고 생각하고 있을 때는 정말로 사과를 한 입도 먹지 못했다. 그러나 사과를 다시 먹을 수 있게 되자 '사과가 좋다'고 생각하게 되었다. 자신이 정해놓은 한계는 이렇게 어설픈 것이었다.

절대로 넘지 못할 벽이라고 생각했던 나의 한계는 언제든 뛰어넘을 수 있는 낮은 울타리에 불과했다. 나는 정말 벽이라고 느끼는 것이 생길 때마다 고요히 마음속으로 물었다.

'왜 그런 한계가 생겼는가? 과거의 실패 때문인가? 이 한계는 누가 정한 것인가? 습관에 의한 것인가? 내가 스스로 만든 것인가?'

재무 컨설턴트가 되기 전 내가 나만의 프레임 속에 갇혀 있었을 때는 한 달에 1억 원씩 까먹는 일도 있었다. 자동차를 너무 좋아했던 나머지 영국 라이선스의 자동차 전문 잡지를 발행했는데 야심찬 출발과는 달리 수익구조가 맞지 않았다. 당시 나는 상업적 계산보다는 사회적 지위와 명예를 버리지 못하고 무조건 럭셔리 잡지를 고집했다. 그러나 광고가 통 들어오지 않았다.

잡지에 실리는 차들은 스포츠카를 비롯해 명차가 주를 이루었는데 잡지를 사보는 층들은 그 차를 살 만한 경제적 능력이 없었다. 반대로 고급차를 살 수 있는 사람들은 잡지를 사보는 대신 매장에 가서 바로 구입했으니 광고주들이 굳이 돈 들여 따로 광고할 필요가 없었다.

그때의 실패는 작은 우물 속에서 이것이 세계의 전부인 양 살았던 나를 일깨우는 커다란 계기가 되었다. 실패하지 않는 사람이 성공한 자인 것이 아니라 실패해서 다시 일어서는 사람이 진정한 승자라는 것을 배운 것도 그 경험을 통해서였다.

게다가 그때까지만 해도 나는 자신만의 성공이나 실패에만 연연했던 사람이었다. 그런데 나의 작은 성공만을 꿈꾸던 내가 이제는 거대한 테헤란 프로젝트를 꿈꾸게 되었다. 정말 한계에 부딪친 것이라면 내가 고집하고 있는 부분이 무엇인지 잘 들여다볼 필요가 있었다.

'내가 지금까지 버리지 못하고 끌고온 것은 무엇인가?'

그 뿌리를 한번 파헤쳐 가다 보면 의외로 깜짝 놀라게 되는 경우가 많았다. 밑바닥에서부터 옳다고 믿고 있었던 신념이 오히려 걸림돌이었던 때도 있었다. 명예, 자존심, 돈, 인간관계, 학벌, 콤플렉스, 성격 등 나를 둘러싼 수많은 고정관념을 그렇게 많이 버렸다고 생각했는데도 어느새 다시 자라나 한계를 만들고 있었다.

나는 이제 혼자가 아니었다. 많은 식구들이 나와 함께 테헤란 프로젝트를 위해 오늘도 달리고 있었다. 비바람이 불고 폭풍우가 거셀수록 날개를 더 크게 펴야 했다. 작고 안전한 둥지 속에 머물 시간은 이제 끝났기 때문이다.

지점장은 리쿠르팅 안 해도 된다고?

"1년 9개월 만에 지점장이 되셨다고요?"

"실패라고는 모르고 앞만 보고 달려오신 것 같아요."

"그 짧은 시간 안에 이 모든 것을 해내다니 정말 대단하세요."

현장 컨설턴트 때부터 지점장이 되기까지의 내 이야기를 들은 사람들은 내가 굴곡 없는 성공만 해온 것으로 생각하는 경우도 많다. 지점장까지 평균 7년이 걸린다고 얘기되는 것이 보통이니 그런 생각을 하는 것도 무리는 아니지만 내가 탄탄대로로 쭉 뻗은 고속도로만 달려온 것은 아니었다. 나의 짧은 경력이 가장 큰 걸림돌로 작용했던 순간은 교보생명 지점장 면접을 볼 때였다. 그리고 처음엔 함께 일할 부지점장을 정하는 일조차 그리 만만치 않았다.

부지점장이 없는 지점장은 존재 의미가 없다. ING에서 함께 일했던 사람들 중에서 두 명을 선발했다. 한 명은 나와 입사 동기로 지점 기네스 기록을 올리며 COT급(연봉 2억5천만 원 정도)의 연봉을 받는 사람이었다.

그는 당시에도 컨설턴트로 잘 나가고 있었지만 매니지먼트 능력도 갖춘 사람이었기에 삼고초려를 해가며 그를 설득했다. 다른 한 명은 내가 부지점장일 때 컨설턴트로 있었던 사람이었다.

두 사람이 나를 따라오겠다고 결정을 내리자 나는 그들을 위해서라도 반드시 성공해야 한다는 책임감이 커졌다. 나는 다른 사람들의 경로와는 다르게 지점장이 된 경우였다. 비록 내가 지점장이라 해도 그 누구도 흔쾌히 내게 부지점장으로 올 만한 상황이 아니었다. 그동안 부지점장을 키울 시간이 없었던 것이다.

나도 지점장은 처음 도전해 보는 일이었다. 아직 나를 믿게 할 경험도 업적도 없었다. 맨땅에 도전하는 시기가 다시 왔다. 컨설턴트 때는 매주 3W에 대한 부담감이 있었다. 현장 컨설턴트를 그만두고 3W에 대한 부담감이 사라지자마자 부지점장이 해야 하는 가장 중요한 일인 리쿠르팅에 대한 부담감이 생겼다.

어느 순간에는 정신병자라도 데려다 놓고 싶을 정도로 스트레스로 다가오는 리쿠르팅에 대한 부담감은 지점장이 되는 순간부터 내 몫이 아니었다. 하지만 나는 지점장이 된 후에도 리쿠르팅을 했다. 교보생명에서도 나의 능력을 인정하기 시작했다. 지점장으로서의 새로운 역사가 시작되고 있었다.

세계 금융위기의 여파로 2009년은 테헤란로의 격동 혼란기였다. 조직이 축소되는 것은 물론 부지점장으로 다시 되돌아온 지점장이 있는가 하면 상무가 지점장이 되는 등 평소엔 볼 수 없는 일이 벌어졌다. 특히, 외국계 보험사에서는 이러한 현상들이 더욱 두드러졌다. 그런 와중에도 나는 꾸준히 상승세를 타고 갔다.

리쿠르팅 세미나를 하고 강의를 통해 찾아온 사람들은 부지점장들로 하여금 개별 상담을 하게 했다. 원래 리쿠르팅은 부지점장의 일이지만 나는 개의치 않았다. 부지점장들이 잘돼야 내가 성공하는 일이었기에 초반에는 내가 직접 세미나를 열었고, 그 방법을 통해 부지점장들에게 6~7명씩 컨설턴트를 뽑아주기도 했다. 다른 지점에서는 사례를 찾아볼 수가 없는 경우였다. 지점장이 리쿠르팅을 하는 것 자체가 역발상이고 특화된 것이었다. 동반자 컨셉으로 윈윈하며 서로가 잘돼야 우리가 함께 산다는 신념이 있었기에 가능한 일이었다.

많은 보험회사들이 혼란기를 겪으면서 많은 사람들이 있던 자리를 떠나야 했을 때도 나는 더욱더 이 일에 대한 비전을 외치며 다녔다. 그러자 ING에 있었던 베테랑 선배들이 나를 찾아오기 시작했다. 지점장을 했던 사람도 수석 부지점장을 했던 사람도 내가 있는 APEC 지점으로 모여들었다.

나와 같은 본부에서 일하던 부지점장이 있었다. 그는 다른 보험회사의 지점장으로 발탁되어 갔는데 그 회사가 위기에 처하게 되자 내가 교보생명에 있다는 사실을 듣고 나를 찾아왔다.

"오랜만이에요. 잘 지내세요?"

"이번에 지점장 됐다면서? 축하해."

나는 그의 한참 후배였고 그보다 경력도 훨씬 짧았다. 지점장까지 했던 그가 부지점장의 지위를 마다하지 않고 나를 찾아오기까지는 결단이 필요했을 것이다. 함께 있었을 때 내 역량을 인정했기에 가능했던 일이다. 그는 특별히 내 리쿠르팅 능력에 대한 기대와 믿음이 있었고, 나는 그에게서 오래된 경험을 배울 수 있다는 이점이 있었다.

새로운 멤버들이 오기 시작하면서 내 상황은 급변하기 시작했다. 부지점장 라인업이 형성되면서 새로운 물꼬가 트이기 시작한 한편으로, 또 다른 부지점장을 발탁하려는 노력과 더불어 리쿠르팅을 통해 새로운 컨설턴트를 뽑는 일을 유기적으로 진행했다. 모두의 노력은 4개월 만에 정규 지점으로 승격되는 결실로 돌아왔다. 보통은 1년 정도 지나야 임시 지점에서 정규 지점이 되는데 기간을 3분의 1로 앞당긴 것이었다.

나는 지점장으로서의 권위나 상하 체계의 유지보다 서로의 역할에 충실할 것을 중점으로 일을 해나갔다. 공감대를 형성하면서 각자의 분야에서 열심히 뛰는 것이야말로 현재의 APEC 지점을 슈퍼 브랜치로 키우기 위해 해야 할 급선무라고 생각했다.

보통의 지점장은 지점의 경영 관리가 하는 일의 핵심이었지만, 나는 좋은 인재를 발굴하는 것이 언제나 내 일의 핵심이었다. 점점 많은 사람들이 몰려들어 우수한 멤버들을 빠르게 뽑을 수 있었다. 6개월 만에 부지점장 10명 이상의 조직을 갖출 수 있었던 원동력은 열정과 비전이었다.

"지점장으로서 제가 지닌 목표는 테헤란에서 APEC 지점을 누구나 고개를 끄덕일 만한 명품 브랜드로 만드는 것입니다."

내가 뿜어내는 열정 바이러스에 감동 받아 감염되었다는 사람들이 하나 둘 모이기 시작했다. 나는 물론 주변 사람들도 놀랄 정도였다. 업계에서 10년 이상 일한 선배 베테랑들이 내 밑에서 부지점장을 하겠다고 연락해 오는 일도 있었다. 이 일은 고정관념과 기존의 연공서열이 아니라 능력에 따른 위치 변화가 언제든 가능한 분야라는 것을 새삼 느꼈다.

부지점장들이 늘어나면서 그들이 내게 기대하는 것도 많아졌다. 나 또한 부지점장일 때 안 해본 리쿠르팅이 없었기에 나는 다양한 노하우를 지니고 있었다. 전역 장교와 명예퇴직자를 위한 특강 장소나 저자와 함께 하는 무료특강 장소도 찾아갔다. 리쿠르팅은 한 번에 되기도 하지만 시간이 필요한 경우도 있었다. 작년의 노력이 올해 효과가 나는 경우도 있다. 무가지 신문에 자산관리와 성공 로드맵을 표제로 한 강연 광고도 냈다.

'변화 속에서 어떤 길을 찾을 것인가.'

'어떤 목표를 찾아야 할 것인가.'

'내게 맞는 직업은 무엇인가.'

그때의 분위기마다 특강 주제는 달리 했다. 그러나 공통적인 흐름은 우리의 꿈과 내가 갖고 있는 비전에 대한 것이었다. 지금도 기존의 편견과 고정관념과 패러다임을 과감히 깨고 변화하려는 시도가 인생의 방향을 바꾼다는 생각에는 변함이 없다. 그리고 열정과 커뮤니케이션 능력 두 가지는 여전히 인재를 뽑는 데 중요한 조건이 되고 있다. 나는 리쿠르팅 세미나를 할 때마다 목청껏 외쳤다.

"패러다임을 바꾸지 않으면 이 일을 하지 못합니다. 어떤 일이든 분위기에 휩쓸려서 하게 되면 성공을 이루기 힘듭니다. 어떤 계기가 필요합니다. 저는 사람들로부터 당신은 그래도 엘리트 코스를 밟은 사람이 아니냐는 얘기를 많이 듣습니다. 나와는 다르다고 선을 긋는 사람도 있습니다. 하지만 저는 평범한 사람입니다. 언제나 시작은 맨땅에 헤딩하는 기분이었습니다. 내가 여러분과 다른 점이 딱 하나 있다면 그것은 먼저 패러다임을 깬 것뿐입니다. 자신은 못한다고요? 자신감과 용기가 없기에 행동으로 옮기지 못하는 것입니다."

하루 24시간이 부족할 정도로 일하는 것은 예나 지금이나 마찬가지였다. 눈앞의 해야 할 목표와 더불어 더 큰 목표는 나를 끊임없이 움직이게 했고 한겨울 새벽에도 차의 시동을 켜도록 만들었다. 나는 언제나 이루고자 하는 목표를 잊지 않았다. 목표가 없으면 방향이 흔들리거나 속도가 떨어질 위험이 있었다. 멀리 내다보되 확고한 깃발을 잡고 오늘도 전진할 뿐이었다.

덕장, 지장, 용장도 아닌 나는야 복장

사바나 초원에서 사자가 가젤을 사냥할 때는 500미터 안에서 승부를 건다. 최대한 몸을 낮추고 소리를 죽이고 가능한 한 가까이 접근해 죽기 살기로 달려든다. 뛰는 거리가 길어지면 사자는 불리하다. 장거리 달리기를 위해 만들어진 몸이 아니기 때문에 무리해서 달리다가 숨이 끊어지는 경우도 있다고 한다. 사냥감을 향해 돌진하는 사자는 그 순간 오직 한 가지 본능밖에는 없을 것이다.

컨설턴트 시작 때부터 나는 전국 소득 탑 10, 탑 10 노래를 불렀는데, 그러자 정말로 어느 순간 탑 10이 되었다. 다음엔 10을 빼고 탑, 탑 노래를 불렀다. 그러자 내가 꿈꾸던 대로 탑이 되었다.

부지점장이 된 후에는 가는 곳마다 사람, 사람, 리쿠르팅을 생각했다. 4개월 만에 나는 리쿠르팅에서는 타의 추종을 불허할 정도로 최고가 되었다. 지점장이 된 후에는 오직 지점 1등만을 생각했다. 우리 지점은 3개월 만에 FMG 추진단에서 1등을 하였다.

강력한 믿음은 자신이 원하는 모습을 현실화시킨다. 그러나 그것은 나 혼자만의 믿음으로 된 일은 아니었다. 부지점장이 팀원을 모집해 작은 중소기업을 운영하는 것에 비유할 수 있다면 지점장은 여러 중소기업을 총괄 경영하는 마인드로 움직이는 사람이라고 볼 수 있다.

각 팀은 이미 하나의 회사 개념이기에 지점장으로 성공하려면 더 크고 넓은 스케일이 필요했다. 더 높이 더 멀리 보는 안목과 더불어 어느 팀에도 공정해야 했다. 하지만 나는 공정하다고 생각하고 한 일인데, 상대는 그렇게 생각하지 않을 수도 있고 잘못하면 순식간에 오해가 생겨 같았다고 생각했던 서로의 기준이 달라져버리는 일도 있기 마련이었다.

'나는 최선을 다해 리쿠르팅까지 하고 있는데 사람 마음을 이렇게 몰라줄 수가 있나. 내가 이 일을 왜 하고 있지.'

엄청난 회의가 든 날도 있었다. 그러나 힘이 들면 들수록 포기하자는 마음 대신 오히려 무한한 책임감을 느꼈다. 말보다는 행동으로 신뢰를 보여주는 방법밖에 없다고 생각했다. 더 높은 지위에 올랐다고 해서 마음까지 편해지는 것은 아니었다. 누구보다 더 많은 책임을 지고서도 그 책임감을 끝까지 가져가지 못하면 큰 조직의 리더 노릇을 하기는 어렵다는 것을 통감했다.

테헤란은 넓으면서도 좁은 동네다. 잘하는 사람도 못 하는 사람도 서로의 동정을 잘 알기 때문에 소문이 한 번 잘못 나면 회복하기 힘들었다. 그래서 어디에서 누구와 함께 하느냐가 더욱 중요했다.

용장 밑에 졸병 없다는 말이 있다. 나는 덕장德將도 용장勇將도 지장

^{智將}도 아닌 누구보다 복이 많은 복장^{福將}이라고 스스로 생각했다. 나는 지금도 인복도 일복도 나만큼 있는 사람도 드물 것이라고 자신한다. 그것은 기본적으로 사람과 사람 사이의 신뢰에서 나오는 것이라 생각한다.

내가 복장이 된 것은 단순히 운이 좋았기 때문이라고 생각지는 않는다. 그동안 사람을 귀하게 여기고 누구를 만나도 최선과 정성을 다했던 노력과 투혼이 있었기 때문에 만들어진 결과라 생각한다.

지점장이 되면 정치를 잘해야 한다는 말도 있지만 나는 정치를 싫어한다. 다른 사람을 무시해서가 아니라 정치보다는 본질적인 내 역할과 역량을 발휘하는 것이 더 중요한 일이라고 믿는다. 뒤에서 험담을 하든 칭찬을 하든 내 갈 길 가면 그만인 것이고 소문은 언제나 사실과는 상관없는 것일 때가 많았다.

한때 APEC 지점장은 부지점장들을 위해 자비를 투입해 사람을 뽑는다는 소문이 났다. 그 소문을 듣고 찾아온 부지점장이 있었다. 내가 알던 사람은 아니었다.

"지점장님, 저한테 5명 이상은 뽑아주실 거죠?"

"그건 아닙니다. 열심히 투혼을 보이면 저도 함께 뛰는 차원이죠. 부지점장 본연의 역할을 하지 않는데 제가 대신할 수는 없는 것이죠. 저는 20퍼센트를 더 채우는 사람입니다. 그렇게 생각하시면 곤란합니다."

나는 결국 그를 부지점장으로 뽑지 않았다. 그가 아니라 대통령이 온다 한들 본연의 책무를 망각하면 나는 그 사람을 도울 수 없다. 남이 자신을 돕는다면 그것은 당신이 있는 그대로 좋은 사람이기 때문이 아니라 열심히 하기 때문이다. 팀원 중에 남에게 은연중에 기대기만 하는 사람을 보면 나는 가슴이 아프다. 그 사람을 그렇게 만든 것은 내 탓이 아닐까 반성도 한다.

무언가 주장하고 싶으면 업적을 이루고 말해야 한다. 진짜 열심히 하는 사람에게는 그가 무언가를 요구하지 않아도 저절로 하나라도 더 해주고 싶은 법이다. 열정을 보이지 않고 대가를 바라지는 말아야 한다.

ING에서 현장 컨설턴트로 일할 때 어느 회사의 CEO를 만나러 가야 할 일이 있었다. 그전에 몇 번 만나서 자세한 설명은 했지만 확실한 답을 받지 않은 상태라 선뜻 찾아가기가 어려웠다. 그날도 핸드폰을 앞에 두고 만지작거리기만 하면서 언제 전화를 할까 머뭇거리고 있는데 내 뒤에 있던 선배가 짧게 한 마디를 했다.

"그냥 해."

"네?"

"그냥 하라고."

"그러죠 뭐."

신기하게도 이런 대답이 나왔다. 그리고 나는 그날 밤에 1천만 원 계약을 했다. 행동이 있어야 성공이든 실패든 나온다. 액션을 하지 않으면 신기루에 불과하다. 진짜 투혼을 발휘해야 하는 부분은 말이 아니라 행동이다.

다른 사람에게 기대기 전에 내가 먼저 행동의 열정을 발휘해야 한다. 세일즈 영업은 기브 앤 테이크give and take다. 사람의 마음이 저쪽으로 돌아서는 것도 한순간이고 마음을 이쪽으로 돌리는 것도 한순간이다. 나의 말 한 마디와 행동으로 바꿀 수 있다. 열심히 오랫동안 잘 하던 사람도 오해와 편견이 쌓이면 남 탓을 하게 되고 멘탈 능력이 떨어진다.

이 일은 결국 내가 선택하고 책임지는 것이지 누구 때문에 일하는 것이 아니다. 고객 때문에 다른 컨설턴트 때문에 부지점장 때문에 지점장 때문에 일을 못하는 것은 아니다. 나와 가족을 위해 나를 애타게 기다리는 사람들을 위해 하는 것이다. 어떤 경우에도 남 탓은 하지 않아야 하고 동시에 자기 탓도 하지 않아야 한다.

주변에 사람이 없는 것을 탓하기 전에 새로운 모임에 나가 인적 풀을 만들고 커뮤니케이션 능력이 부족하다는 것을 탓하기 전에 타인과 소통하는 법을 배우는 것이 더 낫지 않을까? 남 탓을 하기 전에 그가 왜 저럴 수밖에 없는지 고요한 마음으로 그의 마음을 헤아리는 것도 필요할 것이다.

컨설턴트일 때의 나는 노 코치no coach, 노 터치no touch였다. 모든 것을 스스로 알아서 판단을 내리고 스스로 상황을 해결하려고 했다. 그로 인해 나는 평가와 대접을 받았다. 대범한 도전의식보다 실패에 민감한 소심한 태도를 보이는 것은 참 아쉬운 일이다. 나는 늘 말이 아니라 실력으로 보여주고 싶었다. 나는 그것이 어떤 순간에도 나를 지키는 참된 자존심이고 명예라고 여겼기 때문이다.

역량을 발휘하도록 돕는다는 것

하루는 같이 일하는 부지점장이 소개하고 싶은 사람이 있다고 했다. 다른 보험회사에서 지점장을 하던 분인데 그 회사가 어려워지면서 옮길 곳을 고민 중이라는 것이었다.

원래는 은행에서 대출을 담당했던 사람이었다고 했다. 은행권에서는 고객을 기다리기만 해도 되지만, 그것은 또한 한계이기도 하다. 세일즈에서는 고객을 찾아나선다는 것 자체가 힘든 일이지만 이 사람은 그 진면목을 알아본 사람이었고, 그 점이 바로 안정적인 은행을 벗어난 이유이기도 했다.

좀 더 적극적인 삶의 패러다임으로 바꿔 살고자 억대 연봉자들이 수두룩한 보험금융업계에 본격적으로 뛰어들었다는 그의 이야기가 나와 비슷하다는 생각이 들었다. 그는 국민은행 PB팀장 출신으로 외국계 보험회사에서 연도 챔피언을 한 적이 있었고 또 다른 국내 회사로 스카우트되어서 그곳에서도 챔피언을 했다. 만나보기도 전에 같이 일하고 싶다는 마음이 먼저 들었다.

"진짜 대단한 사람이에요. 우리 지점에 오면 큰 힘이 될 거예요."

"그럼 한번 만나봅시다."

아침 일찍 그의 집 앞으로 찾아갔다. 이야기를 나누다 보니 그는 앞으로도 더욱 성장할 수 있는 인재였다. 어떻게 해서든 그와 함께 일하고 싶었다.

'어떻게 하면 그와 함께 일할 수 있을까?'

나는 밤낮으로 고민했다. 그는 우리 지점에 결정적인 변수가 될 수 있을 정도로 역량이 큰 사람이었다. 무슨 일이 있어도 그를 데려오고 싶었다. 몇 번이고 그에게 전화를 했지만 그는 온다고 했다가 못 온다고 하기를 몇 번이고 번복할 뿐 그의 마음을 얻지는 못했다. 시간은 지나고 마른 논 갈라지듯 속이 바짝 바짝 타들어갔다.

실례를 무릅쓰고 이른 아침부터 그에게 전화를 했다. 그는 전화를 받지 않았다. 출근하자마자 부지점장과 그의 집 앞으로 찾아갔다. 하늘이 도왔던지 마침 집에서 나오는 그와 딱 마주쳤다.

"아니, 이 시간에 여긴 어떻게……."

"잠시 시간을 내주세요. 꼭 드리고 싶은 말씀이 있습니다."

그가 시간이 없다고 해도 나는 물러서지 않을 작정이었지만 그도 집 앞까지 찾아온 사람을 내칠 만큼 냉정한 사람은 아니었는지 근처 커피전문점으로 함께 갔다. 아침 9시부터 오후 5시까지 장장 8시간에 걸친 설득이 시작되었다.

"꼭 저희 지점으로 오셨으면 좋겠습니다."

"말씀은 고맙지만 아직 결정을 내리기는 어렵군요."

"우리 지점은 그 어느 곳보다 성공 열정과 승부 근성으로 가득 차 있는 곳입니다. 경제적 자유를 위해 소득 문제도 다른 보험사보다 더 좋은 시스템을 도입했습니다. 특히 저희 FMG는 국내 보험사들의 시스템을 완전히 파헤치는 벤치마킹을 했고 컨설턴트들에게 더욱더 좋은 보상 시스템을 가동시키고 있습니다."

그는 이렇다 할 판단을 내리지 못하고 있었고 나는 포기하지 않고 계속해서 대화를 시도했다. 포기하지 않는 것이라면 자신 있었다. 나는 그와 같은 사람이 반드시 필요했다.

"교보라는 큰 무대에서 자신의 역량을 마음껏 발휘해 보세요. 국내 대형 보험사 중에 아직 단 한 번도 주인이 바뀌지 않은 보험사는 교보밖에 없는 거 아시잖아요. 주인이 한 번도 안 바뀌었다는 것은 사업상 대단히 상징적 의미를 가지고 있는 겁니다. 그만큼 건전성을 보장받을 수 있습니다. 아시아 최고 보험사의 시스템과 인프라를 그대로 활용하면서 국내 최고의 전문가들로만 선별된 팀에서 활약하는 컨설턴트가 되는 겁니다. 최고의 비전과 자부심으로 활약할 수 있습니다."

"저는 그렇게 대단한 사람이 아닙니다."

"겸손만이 무기는 아닙니다. 분명히 더 크게 성장하실 분이라는 것을 제가 확신합니다. 저도 가능한 할 수 있는 모든 방법을 다 동원해 돕겠습니다."

"제게 좀 더 생각할 시간을 주시죠."

그의 마음이 움직이기 시작했다는 것을 직관적으로 느낄 수 있었다. 나는 계속해서 그에게 연락을 취했다. 그와 같은 훌륭한 인재와 함께 일할 수 있다면 삼고초려가 아니라 삼십고초려, 아니 삼백고초려도 할 각오였다.

그러나 그는 여전히 무너지지 않는 철옹성과 같았다. 어느 날은 선뜻 함께 일해보자고 대답할 것 같다가도 어느 날은 언제 그랬냐 싶게 얼굴에서 찬바람이 쌩쌩 불었다.

"계속 이렇게 찾아오시면 곤란합니다. 저는 제가 하고 싶은 대로 하겠습니다. 그만 포기하시고 다른 분을 찾아보세요."

"포기할 거면 예전에 했지요. 꼭 함께 일하고 싶은 마음이 이렇게나 간절하게 드는데 전들 어떡합니까. 저희 지점에 오신다는 약속을 하시기 전에는 저도 제 마음을 어떻게 할 수가 없습니다."

그가 거절을 하든 화를 내든 사정을 하든 나는 끄떡도 하지 않았다. 물론 마음속으로는 하루에도 마음이 열두 번도 더 엎어지면서 이렇게까지 해야 하나 하는 생각도 들었다. 그러나 그는 내 자존심보다 중요한 사람이었다. 나는 그럴수록 '테헤란 프로젝트'를 생각하며 그와 함께 일할 날을 진심으로 생각하고 또 생각했다.

나는 내가 할 수 있는 모든 정성을 그에게 다 보이고 싶었다. 그렇게 십고초려쯤 정성을 보였을 때였다.

"생각은 좀 해보셨습니까?"

"네. 제가 졌습니다. 온대호 지점장님과 함께 일해보고 싶습니다."

"정말입니까? 잘 생각하셨습니다."

"앞으로 잘 부탁드립니다."

"저야말로 잘 부탁드립니다. 고맙습니다."

나는 하늘로 날아오를 것처럼 기뻤다. 천군만마를 얻은 듯했다. 좋은 팀원들은 많았지만 그가 옴으로써 우리 지점은 더욱 앞으로 뻗어나갈 것이라는 확신이 들었다. 부지점장으로 오는 방법도 있었지만 이 같은 사람은 현장에서 뛰어야 한다는 판단이 섰다. 수석 FA로 영입해 현장과 매니지먼트를 함께 하는 방향을 모색했다.

교보생명 다른 채널에서는 실행되고 있던 제도였지만 FMG에서 수석 FA를 뽑았던 사례가 없었기 때문에 그를 위해 보상 체계나 지원 체계를 새로 만들어가며 고소득 전문직 고객을 대상으로 한 전문 채널을 만들었다. 자리를 잡는 초반에는 어려움도 있었지만 그는 매달 FMG에서 업적 1위를 하는 등 여러 갈등과 어려움을 털고 열심히 일하기 시작했다.

그러던 그가 드디어 큰일을 해냈다. 42억짜리 보험 계약을 성사시킨 것이다. 월 1천만 원씩 납입하고 사망보험금으로 42억 원을 받게 되는 보험업계 역사에 기록될 정도로 큰 청약이었다. 교보생명은 물론 다른 보험회사 전체를 통틀어도 손에 꼽힐 만한 액수였다. 고객은 임대업을 크게 하는 사람이었는데, 자신이 부모로부터 유산을 상속받을 때 상속세로 힘든 경험을 했기에 후대에 물려줄 유산에 대한 상속세를 미리 준비하고 싶어한 니즈가 정확히 맞아떨어졌다.

사업과 임대업을 하고 있으니 현금이 계속 들어오는 것을 어떻게 운용할까 고민하던 중에 상속세 마련을 위한 변액 유니버설 종신보험을 하기로 결정했다. 교보생명 전체에서도 손에 꼽히는 이 계약 사례는 APEC 지점의 인지도를 뚜렷하게 상승시키며 새로운 흐름의 선두주자로 만들었다.

그의 경우처럼 보험은 목적이 뚜렷해야 한다. 가족 사랑을 위한 포괄적 의미는 물론 남겨진 가족의 생활 안정도 중요하다. 지금 당장의 보험료보다 사망 후 어느 정도 경제에 실질적 도움이 되는가를 생각해야 하는 것이다. 유명 연예인인 강원래 씨가 사고 후 두 군데 보험회사에서 받은 보험금은 30억 이상이었다. 반면 탤런트 임성민의 경우 보험금은 몇천만 원에 불과했다.

막연하게 내가 죽으면 어느 정도 타겠구나 생각하지만 의외로 실질적 효과가 없을 수도 있다. 보험을 들었다고 안심할 것이 아니라 실제로 받을 금액이 얼마인지 정확하게 알고 있어야 한다. 실제 도움을 받지 못한다면 보험이 무슨 의미가 있겠는가. 이것을 전문적으로 돕는 사람을 키우는 것이 바로 지점장인 내가 할 일이었다.

그 뒤로도 테헤란로 APEC 지점의 브랜드 가치에 대한 고민이 계속되었다. 누구든 나와 함께 일하는 사람은 자신이 도전한 만큼 목표를 달성하도록 돕는다. 그러니 그들이 나를 따르는 것이었다.

나는 지점장이 된 후 겪었던 많은 사례를 부지점장들에게 스스럼없이 이야기했다.

"어려움은 이 일의 매력 중 하나예요. 힘들지 않다고 말한다면 사기겠지요. 다른 일도 마찬가지지만 특히 보험 일은 로또가 아닙니다. 정직하게 일해야 합니다."

힘든 부분은 어느 일에나 있다. 빌딩의 안내 데스크에서 하루 종일 앉아 일하는 사람도 힘들기는 마찬가지일 것이다. 온몸을 던져 내 인생의 성공 프로젝트를 완성시키려면 도전 의식이 절대적으로 필요했다.

부지점장들을 잘 추슬러 지금까지 함께 열심히 뛰었다. 성공을 향해 잘나갈 때가 있으면 갑자기 일하기 싫을 정도로 우울해할 때도 있었다. 이것을 잘 보고 이끌어주는 것이 내 역할이었다. 나 스스로 업그레이드되고 충전되어야 했다. 어찌 보면 지점장은 고독한 위치였다. 하지만 지점의 모든 사람들이 기대치 이상으로 활동과 업적을 이루는 것을 보면 그것만큼 더 큰 보람은 없었다.

자산관리를 돕는 고소득 전문가

많은 사람들이 예전에는 '자신이 보험설계사를 돕는다'는 생각을 했던 반면에, 이제는 그런 인식의 틀이 깨질 정도로 보험 세일즈는 고소득 전문직이 되고 있다.

보험 하면 보험 아줌마로 인식되던 시대는 지났다. 이제는 전문가의 시대다. 한국에서 유명한 100대 PB 안에 재무 컨설턴트가 들어가 있고, 미국과 유럽에서는 재무 컨설턴트들이 법인을 차려 변호사와 세무사를 스태프로 따로 두고 일하기도 한다. 과거에는 상상도 못했던 일이다.

미국의 한 유명 잡지가 조사한 바에 따르면 미래에 유망한 직종 3위에 재무 컨설턴트가 선정되기도 했다. 컨설턴트가 단지 보험을 판매하는 직업이라기보다는 자산관리를 포함해 삶의 전반적인 부분을 컨설팅해 주는 전문가이고, 따라서 다른 직업에 비해 소득도 높고 직업의 가치도 높다는 것이 이유였다.

현대인의 바쁜 삶 속에서 어떻게 정보를 얻어 자산을 관리하고 증식할 것인가를 생각하면 전문가의 도움을 받는 것이 빠르고 편할 것이다. 경쟁력을 따져봐도 앉아서 고객을 기다리는 증권사의 펀드 매니저나 은행의 PB와는 달리 적극적으로 찾아가 세일즈 마케팅을 벌이는 컨설턴트가 유리한 점이 많다. 전화 한 통이면 택배 서비스를 받을 수 있는 것처럼 자산관리도 도어 투 도어^{door to door} 시스템 서비스가 가능해진 것이다.

현재의 컨설턴트들은 단지 보험만 서비스하는 것이 아니라 문화, 법률, 재무 등 회사에 있는 인프라를 통해 편리한 서비스를 제공하기 시작하는 등 근본적인 패러다임의 변화를 보이고 있다. 게다가 신탁, 펀드 등 자산관리 전반에 관한 전문성까지 갖추고 있다. 은행에 가거나 금융 정보를 따로 수집하지 않아도 전문가가 방문해 전적으로 관리를 해주는 시대가 온 것이다. 실제로 자신이 일하는 곳에서 쉽게 자리를 비우기 힘들 정도로 바쁜 의사나 변호사들은 이미 컨설턴트들의 도움을 크게 받아왔던 것이 현실이다.

재무 컨설턴트들이 일하는 사무실을 생각하면 사람들은 보통 책상들이 줄지어 놓여 있는 일반적인 사무실 형태를 연상하겠지만 최근에는 여기에도 새로운 흐름이 생기고 있다. 테헤란로에 있는 한 파이낸셜 부티크 사무실은 컨설턴트마다 자신의 방이 따로 있고 가운데는 행정지원 사무실이 있는 형태인데, 로펌의 합동 사무실 같은 고급스러운 분위기다.

보험회사의 위상도 시간이 지날수록 높아지고 있다. 내가 지점장으로 있는 교보생명이 2009년에 아시아 1위 보험회사로 선정된 것은 한국 보험금융업계의 빛나는 성과라고 할 수 있다. 게다가 이제는 외국 기업만 우리나라에 들어오는 것이 아니라 우리나라의 보험회사가 중국에 진출하고 있기까지 하다.

재무 컨설턴트에 대한 인식이 점점 바뀌고 있고 소득과 정년에 한계가 없기에, 과거에 CEO, 의사, 법무사, 세무사, 회계사를 했던 고급인력들도 최근에는 많이 뛰어들고 있다. 편견이 깨지기 시작하면서 예전과는 다른 가치관이 생긴 것이다.

하루는 친구인 의사가 자신과 친한 컨설턴트와 식사를 함께 한 일이 있었다고 한다.

"재무 컨설턴트로 일하는 게 힘들지는 않으세요?"

"회사에 다니면서 빚만 지고 마이너스 인생을 살았는데 이쪽 일을 하면서 집도 사고 일하는 보람도 느끼게 되었어요."

"하긴 의사라고 편한 것도 아니에요. 병원 임대료, 기기 리스비 등 병원 경영에 대한 스트레스가 요즘 장난이 아니거든요."

그후 나와 만난 자리에서 친구는 "보험업계에는 억대 연봉자가 수두룩하다며? 나도 재무 컨설턴트 할까? 진짜 마음이 움직인다."고 농담처럼 말하더니 몇 달 후 갑자기 전화해서는 전업했다는 이야기를 꺼냈다.

"이 길이 전부는 아니라는 생각이 들었어. 나 진심이다. 그러니까 일 잘하는 비결이나 좀 알려줘라."

"일 잘하는 비결?"

"그래. 넌 어떻게 해낸 거냐?"

나는 어렸을 때 영어 공부를 하던 기억을 떠올렸다. 나는 중학생 때부터 영어를 좋아했다. 학교에서 유일하게 예쁜 여자 선생님이 영어 담당이었던 이유도 있지만 외국어를 공부하는 일은 늘 즐거웠다. 어떻게 하면 영어를 더 잘할 수 있을까 늘 생각했고 여러 가지 학습 방법을 고안해 냈다. 문법을 따져 이해하기 전에 교과서를 통째로 외우기도 했다. 그렇게 하자 까다로운 전치사도 저절로 해결됐다.

끝까지 골치 아픈 것은 숫자였다. 문장이나 일반 단어는 외우고 말하면 그런대로 잘 하게 되었지만 이놈의 숫자만큼은 늘 헷갈리기 일쑤였다. 무슨 수가 없을까 여러 날을 골똘히 생각하다 자동차 번호판만 보면 소리 내어 중얼거렸다.

한번 상상해 보라. 자동차 꽁무니만 보면 중얼거리는 까까머리 중학생을. 친구들은 웃으면서 미친놈이라고 놀렸지만 몇 달 지나서 나의 영어 성적은 그들을 월등히 능가하게 되었다. 그리고 그때 닦은 영어 실력은 대학입시 때도 카투사 시험 때도 외국 출장 때도 자신감의 밑바탕이 되었다.

나는 미친놈 소리를 듣는 것을 두려워하지 않았다. 오히려 '미친놈'은 비난이 아니라 칭찬이라고 생각했다. 일생에 한 번 미친놈 소리를 듣지 못하는 것이야말로 슬픈 일이라고까지 생각했다. 나는 웃으면서 친구에게 말했다.

"그냥 미친놈 소리 들으면서 하면 돼."

"미친놈?"

"왜? 그 소리 듣긴 싫어?"

"그건 아닌데 뜬금없긴 하다."

"잘하는 데는 미치는 게 최고야. 불광불급不狂不及이라는 말이 있잖아. 미치지 않으면 미칠 수 없다. 미쳐야 미친다. 다시 말해 몰입해야 해낼 수 있다는 얘기지. 여기에 행동이 반드시 뒤따라야 돼. 그리고 끝없이 늘 배운다는 자세로 연습하고 훈련하면 돼."

"하하하. 알았다. 미치도록 열심히 할게."

의사, 변호사가 제일이라는 시대는 지났다. 재무 컨설턴트들에게 세무 솔루션을 제공하며 세무신고 대행을 해주던 세무사가 그들의 소득을 보고 깜짝 놀라 자신이 보험업계에 본격적으로 뛰어들어 일하게 된 경우도 있다.

앞으로는 보험만 전문적으로 판매하는 전문 판매회사가 생길 것이다. 과거에는 손해보험, 자동차보험, 생명보험으로 분야가 나뉘어 있었지만 지금은 자격시험만 합격하면 전부 다 할 수 있다. 예를 들면 간접투자 자격증을 따면 증권사와 위촉 계약을 맺어 각종 펀드를 판매할 수도 있다. 토털 파이낸셜 케어total financial care 서비스가 가능해지는 것이다.

그러나 자산관리의 기본 축은 역시 보험이어야 한다고 생각한다. 위험 요소를 없애야만 삶은 앞으로 나아갈 수 있고 위기의 순간 가장 빛을 발하는 것이 보험의 장점이자 가장 큰 본질이기 때문이다.

나와 가족을 지키는 최고의 수단

미국의 한 신문이 미국의 명문대학교를 수석 졸업한 한 여학생을 인터뷰했다. 그녀가 어떤 말을 할지 모두 궁금해하며 쳐다보았는데 사람들의 예상을 깨고 엉뚱하게도 보험 이야기를 꺼냈다.

"제가 이 자리에 있게 된 것은 전부 보험사의 보험증권 덕분입니다. 아버지가 돌아가시고 눈앞이 캄캄해질 정도로 생활이 막막했지만 지급된 보험금을 통해 공부를 계속할 수 있었습니다. 보험이 우리 가족을 살린 겁니다."

한 가족의 가장이 갑자기 죽으면 한 사람의 죽음으로 끝나는 것이 아니라 가족 전체가 파탄을 겪는 경우가 많다. 하루아침에 생계가 막막해지는 것이다. 가정주부로 살다가 갑자기 일을 하려고 해도 쉽지는 않은 일이다. 아이들 교육이나 살림도 힘들어진다.

그때 도움을 받을 수 있는 것이 바로 보험이다. 한 달에 한 번 넣은 적은 돈으로 불시에 닥친 위기를 극복할 수 있다. 보험에 대해서 어떻게 생각하느냐에 따라 미래의 위기를 대처하는 방법도 달라지는 것이다.

보험은 두 가지 상황에서 바라봐야 한다. 하나는 자신이 너무 일찍 죽을 수 있다는 것과 다른 하나는 반대로 너무 오래 살 수 있다는 것이다. 이 두 가지가 바로 보험이 필요한 이유이다. 경제력을 책임지던 누군가가 예상보다 일찍 이 세상을 떠났을 때 남은 가족들의 생계는 하루아침에 막막해진다. 아이는 어떻게 키울 것인가? 앞으로 경제는 누가 책임질 것인가? 실제 타격이 너무 커지는 것이다.

초등학교 교사를 하다가 명예퇴직을 하고 재무 컨설턴트로 새롭게 인생을 시작했던 여성이 있었다. 매사 긍정적이고 낙천적이어서 일도 잘 했다. 나이가 들어도 커리어우먼으로 일할 수 있다는 것을 큰 기쁨으로 삼으며 매일 열심히 일하던 중 어느 날 갑자기 뇌출혈로 쓰러졌다.

그나마 불행 중 다행인 것은 스스로 자신을 위한 보험을 많이 들어놓은 상태였다는 것이다. 그녀는 평소 제대로 배우고 일을 했기에 어떤 보험이 좋고 자신에게 꼭 필요한 것인지 잘 알고 있었고 충분한 보상을 받을 수 있었다. 그의 병은 분명히 불행이었지만 준비한 보험으로 인한 경제적 뒷받침은 그 불행을 이겨낼 수 있는 힘이 되었다.

반면 똑같이 뇌출혈로 쓰러진 마흔다섯 살의 한 남성이 있었다. 세 군데 보험회사를 다녔고 부지점장까지 한 사람이었는데 다른 곳으로 옮기면서 들어두었던 보험을 깼다. 뇌출혈에 대한 보상을 해지한 것이다. 막상 가장인 그가 쓰러지고 나자 다른 가족들은 생계가 막막해졌다.

지금은 주변 사람들이 조금씩 성금을 걷어서 도와주는 상황이지만 부인은 남편의 병원 뒷바라지를 하느라 일을 구할 엄두도 못 내고 아이들은 시댁 어른들이 돌보고 있지만 오랜 병치레로 가족 모두가 심신이 지치고 황폐해진 상태다. 게다가 병원 생활이 언제 끝날지 모르기에 수술비까지 포함해 그 큰 비용을 어떻게 감당할지 막막한 상황이다.

이렇게 병으로 쓰러지는 경우뿐만 아니라 명예퇴직을 하거나 이직을 해야 하는 경우도 있다. 실업률이 증가하면서 비슷한 직종으로 가거나 자신만의 창업이 늘고 있지만 돈이 없어서 그나마도 못하는 경우도 많다. 무조건 나가서 일자리를 찾다가 4, 5년 실직 상태가 지속되면 사는 게 사는 게 아니라며 절망과 좌절에 빠지게 된다. 2008년 명예퇴직과 정년퇴직을 포함한 퇴직자 수가 대략 256만 명 정도 된다는 통계가 있었다. 이중 1퍼센트만이 퇴직금 1억 원 이상을 준비한 사람들이고, 이중 220만 명은 퇴직하면서 챙긴 현금이 1천만 원 정도라고 한다.

이는 조기퇴직 시대에 우리의 큰 숙제를 알려주는 통계다. 55세 전후로 정년퇴직을 했다 치면 남은 30년 이상을 놀아야 한다. 젊었을 때 1년만 놀아도 죽을 지경인데 5년만 백수로 살아도 정말 죽는 게 낫다 싶을 정도로 피폐한 삶이 이어질 것이다. 그런데 30년을 논다고 생각해 보자. 앞으로 퇴직 후 30년을 준비하지 못하면 죽음을 떠올릴 수밖에 없을 정도로 힘든 상황이 될 수 있다. 파고다 공원에 모인 노인들이 젊었을 때 모두 백수는 아니었을 것이다.

열심히 일하고 성과를 낸 젊은 시절을 보냈지만 노후대책을 충분히 하지 않았기에 하루 평균 용돈 3천 원으로 견디는 것이다. 우리의 노후에 대한 안전한 준비를 갖추게 해줄 장치는 사실상 보험밖에 없다. 이제 국민연금이니, 사학연금이니, 공무원연금 가지고는 완벽한 준비가 되지 못한다. 그래서 민영연금이 필요한 것이다. 다시 말해 생명보험사들이 제공하는 연금 시스템에 더 늦기 전에 함께해야 한다. 그렇지 않으면 우리네 삶은 나이가 들수록 상상 이상의 부실한 삶밖에 없다.

보험은 내가 든 금액보다 훨씬 큰 금액으로 보상을 받을 수 있다. 지금은 전적으로 자식이 부모를 부양해야 하는 시대도 아니다. 미리 준비하지 않으면 생각하고 있는 것보다 나의 여생은 치명적으로 힘든 상황이 될 수 있다. 물론 펀드나 주식, 부동산도 투자비용에 비해 많은 보상의 가능성이 있지만 그만큼 위험 부담도 있다. 예상보다 크게 벌 수도 있지만 손실도 감수해야 하는 것이다.

보험은 월마다 일정한 액수의 금액을 내면 정확하게 보장을 받을 수 있다. 적당한 시기가 지나면 보험을 업그레이드시켜야 하는 이유도 여기에 있다. 보험을 들 때의 가치가 시간이 지날수록 달라지기 때문에 물가상승 등을 감안해 리모델링해야 한다. 소나타나 그랜저로 바꿔타야 할 필요도 있다. 언제까지 엑셀이나 프라이드만 고집할 수는 없는 노릇이 아니겠는가.

요즘에는 80세가 아니라 100세까지 만기를 보장하는 상품이 많다. 종신보장은 죽을 때까지 보장되는 것이다. 살면서 닥칠 수 있는 위험뿐만 아니라 이후 노년 준비도 해야 한다. 자신이 일을 하고 있는 동안 철저하게 준비해야 한다.

유럽의 경우는 오히려 퇴직 후 여생을 풍족하게 보내는 사람들이 많다. 급여의 40퍼센트까지 노후 준비자금으로 준비한 결과다. 지금 나는 은퇴 후 30년을 얼마나 중요하게 여기며 준비하고 있는지 곰곰이 생각해 볼 일이다.

정확히 내게 어떤 보험이 필요하고 어떤 대비를 해야 하는지 알아야 한다. 나와 가족을 지키는 것, 이것이야말로 보험의 가치다.

진정 뜨겁게 사랑하고 있는가

사랑에 빠져본 사람은 알 것이다. 자신의 심장이 어떻게 뛰는지. 신체의 일부가 아니라 마치 심장 하나만 독립적으로 살아 제멋대로 움직이는 것 같다. 심장이 미친 듯 뛰면 가슴이 아프구나 하는 새삼스러운 깨달음도 얻는다.

설렘과 두근거림. 낯간지럽게만 느껴졌던 단어들이 아름답고 황홀하게 다가온다. 사랑은 죽어 있던 세포를 깨우고 멈춰 있던 엔도르핀을 돌게 하며 몸 속 깊은 곳에 잠겨 있던 환희의 미소를 끌어올린다. 밤낮으로 베토벤의 '환희의 송가'가 울려 퍼진다. 저절로 눈이 번쩍번쩍 빛난다.

나는 지금도 아내를 처음 봤던 날을 생각하면 가슴이 뛴다. 그때까지 내 열정은 모두 일에 쏟아 붓고 있었던 상태라 몇 번 소개로 누군가를 만났어도 가슴이 뛴 적은 없었다. 데이트를 하는 것보다 일을 하는 것이 더 좋았다. 소개팅 날짜를 받아놓고도 일하느라 까먹고 못 나간 적도 있었다.

아내를 만나던 날도 미처 못한 일을 마무리하고 나가느라 늦었다.

얼굴도 모르는 상태로 약속 장소에 갔는데 혼자 앉아 있는 여성이 세 명이나 있었다. 그중 한 명을 보는 순간 느낌이 팍 왔다. 운명이라는 생각이 들었던 것이다.

당당하게 자리로 다가가 자기소개를 했다. 이 여자가 아닐 거라는 생각은 애초에 하지도 않았다. 그렇게 나는 서른일곱 살에 처음으로 누군가와 사랑에 빠졌다. 소개를 받은 적은 몇 번 있었지만 한 여자를 사랑하게 된 것은 처음이었다.

그날부터 나는 하루도 빼놓지 않고 매일 아내를 만났다. 아내도 바쁜 시간을 보내고 있었기에 저녁 시간이 맞지 않는 날도 있었다. 그런 날은 점심을 같이 먹었다. 하루에 한 시간도 좋고 30분도 좋았다. '그녀를 만나지 않는 하루'라는 것은 상상도 하지 못했다.

나는 매주 토요일마다 아내에게 장미꽃을 선물했다. 아내를 처음 만난 날이 토요일이었기에 기억하고 싶었던 것이다. 만날 때마다 장미꽃의 개수를 늘렸다. 첫째 주에는 장미꽃 한 송이를 주었다.

"당신을 만난 지 1주일이 되었네요."

두 번째 주에는 장미꽃 두 송이를 주었다.

"당신을 만난 지 2주일이 되었네요."

매번 장미를 사던 꽃집에서도 토요일이 되면 미리 장미꽃 개수를 맞춰놓고 나를 기다렸다. 그렇게 두 달쯤 지난 어느 날 아내를 깜짝 놀라게 하려고 그녀가 살던 아파트에 찾아갔다.

새벽에 미리 가서 아내의 차에 장미꽃을 꽂아놓고 오려고 했던 것이다. 아침에 나왔을 때 장미꽃 한 다발이 놓인 차를 보고 기뻐할 얼굴을 생각하니 새벽바람이 추운 줄도 몰랐다.

그런데 아뿔사!

아내의 차 종류는 알았지만 차 넘버가 가물가물했다. 난감했다. 어림짐작으로 엉뚱한 차에 꽃을 두고 올 수도 없는 노릇이었다. 나는 급하게 친한 후배에게 전화를 걸었다.

"지금 당장 꽃시장에 가서 있는 대로 장미꽃을 사와."

"대호 형? 지금 어딘데요?"

"여자친구 아파트 앞."

"그런데 장미꽃은 왜요?"

"설명은 나중에 할 테니까 장미꽃부터 사와 줘."

영문도 모르고 부랴부랴 달려온 후배와 둘이서 그 아파트 주차장에 있는 모든 차에 장미꽃을 한 송이씩 꽂았다. 후배는 나중에 자초지종을 듣고 그 나이에 어디서 그런 열정이 나오냐며 나를 두고두고 놀렸다. 1월에 만난 아내와 나는 두 달 후에 집을 보러 다녔고 6월에 결혼했다.

연애든 일이든 열정이 있으면 불가능할 것 같은 일도 다 하게 되어 있다. 열정은 아이디어를 샘솟게 하고 멈춰 있던 두 발을 계속해서 움직이게 한다. 추운 새벽 맨손으로 장미꽃을 자동차마다 꽂았던 것도 아내를 향한 열정이 없었다면 생각도 하지 못했을 일이었다.

그러나 없는 열정을 억지로 끌어올릴 수는 없다. 대상에 대한 사랑이 먼저다. 사람을 만날 때도 일을 할 때도 나는 늘 사랑을 느낀다. 이 일을 알게 되고 하게 되어 얼마나 좋은가를 머리가 아니라 가슴으로 느낀다.

내가 일과 사람을 사랑하는 만큼 결과는 반드시 돌아왔다. 믿음이 없다면 사랑도 없다. 자신을 믿고 고객을 믿고 내가 하는 일의 가치를 믿었다. 그리고 헌신적으로 열정을 바쳤다. 그것이 바로 내가 마흔두 살의 늦은 나이에 세일즈 마케팅에 도전하고도 가장 빨리 정상에 오른 비밀이다.

나는 오늘도 나에게 묻는다.

"온대호, 지금 너는 네가 하고 있는 일을 진정 뜨겁게 사랑하고 있느냐?"

아주 작은 행동의 차이가 있을 뿐

크릉, 크릉, 크르르릉.

어둠 속에서 낮게 포효하는 짐승의 소리
가 들린다. 새벽 1시. 내가 가장 아끼는 노란색 람보르기니의 운전석
에 앉아 온몸으로 엔진소리를 느낀다. 하루 일을 끝내고 지하주차장
에서 람보르기니의 울림과 하나가 될 때면 나는 어린아이처럼 순수
해진다. 도로를 질주하지 않아도 누군가 옆에 없어도 행복하다. 온
전한 나만의 시간이기 때문이다.

나는 어릴 때부터 지금까지 자동차 미니어처를 모으는 취미를 가
지고 있는데, 본격적으로 미니어처를 모으기 시작한 것은 해외로 취
재를 다니면서였다. 당시에 내가 갖고 있지 않은 프라모델이 보이면
몇 개고 사서 모았다. 세계 최초 자동차라고 불리는 벤츠의 페이턴
트 모터바겐, 람보르기니 레벤톤, 영화 〈백 투 더 퓨처〉에 나온 타임
머신 자동차 드롤리언, 배트맨에 나온 자동차 등 희귀모델뿐만 아니
라 포르셰, F1 머신, 나스카, 인디카, DTM 등 실제 자동차 모델을

똑 닮은 축소판을 들여다보면서 행복해하곤 한다.

사고 싶은 자동차 모델마다 모두 살 수는 없으니 미니어처로 만족하기도 한다. 그러나 지금은 단순히 취미를 넘어서 자동차 미니어처 빌리지를 만들겠다는 꿈도 갖고 있다. 1970년대 서울 명동 거리, 1980년대의 미국 최초의 대륙횡단 66번 고속도로, 1990년대 독일의 무제한 속도의 대명사 아우토반 등의 컨셉으로 테마 빌리지를 만드는 것이다. 실제 모델이라면 불가능하겠지만 미니어처로 한다면 충분히 해볼 수 있다고 생각한다.

어렸을 적 처음 벤츠를 탔을 때 비행기 조정석 같던 계기판과 드넓은 초원을 전력질주하는 육식동물의 몸처럼 리드미컬하던 엔진 소리를 지금도 생생하게 기억한다. 언젠가는 반드시 직접 운전대를 잡을 것이라고 열망하며 시간이 날 때마다 자동차를 보러 다녔던 평범한 소년은 벤츠뿐만 아니라 포르셰, 람보르기니까지 가진 어른이 되었다.

처음부터 내가 람보르기니를 가질 수 있었던 것은 아니었다. 나의 첫 번째 차는 한국일보 특파원으로 캐나다에 갔을 때 선배가 물려준 차였다. 키 박스도 없이 두 개의 선을 연결해서 수동으로 시동을 켜야 했던 구식 일제였다.

창문에는 먼지가 잔뜩 끼어 앞이 보이지 않을 정도였고 과연 바퀴가 구르기나 할지 의심이 갈 만큼 네 바퀴의 타이어는 모두 짝짝이였다. 한쪽은 미쉐린, 다른 한쪽은 한국타이어, 굿이어 등으로 이루어진 낡고 녹슨 흠집투성이의 차였다. 하지만 선택의 여지가 달리 없었던 나는 그 차를 타고 캐나다에서 열심히 취재를 하고 기사를 썼다. 그러나 내가 만약 그 정도에 만족했다면 지금과는 전혀 다른 인생을 살고 있을 것이다.

그때는 꿈도 꾸지 못했던 외제 스포츠카를 지금은 몇 대나 갖게 되었지만 나는 늘 캐나다에서 처음 몰았던 그 낡은 차를 잊지 않고 있다. 그 차에서 람보르기니까지 이르는 길을 달려올 수 있었던 것은 아주 작은 행동의 차이, 물을 끓게 하는 1도의 차이 때문에 가능했던 일이라고 생각한다.

1도는 작고 사소한 행동 같은 것이다. 그러나 이 작고 사소한 행동이 쌓이면 엄청난 힘이 발휘된다. 오늘 내가 만난 사람에게 먼저 건넨 짧은 인사말 한 마디가 나중에 어떤 효과로 돌아올지는 모르는 일이다. 100층 높이의 빌딩 꼭대기를 가기 위해 최고속 엘리베이터를 탔더라도 한 층 한 층을 거치지 않고서는 도달할 수 없다.

나는 새로운 일에 도전할 때마다 물을 끓게 하는 1도의 힘을 생각한다. 생각하게 하고 바꾸게 하고 움직이게 하는 힘은 1도에서부터 나온다. 0도에서 100도를 생각하면 1도 정도는 별것 아닌 것 같지만 1도의 힘은 위대하다.

물을 끓게 하는 것도 1도의 힘이고 저체온으로 사람을 죽게 하는 것도 1도의 힘이다. 흔히 작은 차이가 명품을 만든다고 하지만 그 작은 차이는 1도 정도라고 말할 수 있을 것이다.

1도씩 온도가 올라 차갑고 고요하던 물이 뜨겁게 끓어오르는 변화를 이루듯, 자신의 현재 위치도 자신이 꿈꾸는 성공도 끊임없이 변할 수 있다는 것을 기억하면 좋겠다. 지금 자신의 자리에 안주하지 말고 다시 일어나서 성공을 향한 열망에 불을 붙여 자신 안에 숨은 채로 잠든 1도를 끌어내야 한다.

상황은 변한다. 지금 이 상태 그대로 영원히 머무는 것은 아무것도 없다. 강원도 태백, 영월, 평창, 정선으로 둘러싸인 태백산 분지도 한때는 바다였다. 해안에는 소금 결정이 반짝였고 바다 속에는 삼엽충과 조개와 오징어가 살았다. 경상도와 전라도의 하늘에서는 익룡이 날아다니고 땅에서는 육식공룡이 뛰어다녔다.

나는 지금 어디를 바라보고 있는가?

어떤 변화를 준비하고 있는가?

5년 후, 10년 후 내 자리는 어디인가?

여기까지, 라고 말하는 타인의 소리에 귀를 기울이는 대신 가능한 더 큰 꿈을 꾸자. 모두가 성공이라고 여기는 지점은 엔딩라인이 아니다. 더 이상 갈 수 없는 곳이야말로 진정한 엔딩라인이다. 그러나 거기야말로 어쩌면 끝이 아니라 진정한 나의 출발점일지도 모른다. 내가 멈추지 않는 한 엔딩라인에는 어떤 한계도 없다.

THE TOP 더 탑

초판 1쇄 발행 2010년 3월 9일
초판 2쇄 발행 2010년 3월 15일

지은이 온대호
펴낸이 김선식
펴낸곳 다산북스
출판등록 2005년 12월 23일 제313-2005-00277호

PD 최소영
DD 김태수
다산라이프 최소영, 최윤석, 장보라
마케팅본부 민혜영, 이도은, 신현숙, 김하늘, 박고운, 권두리
저작권팀 이정순, 김미영
홍보팀 서선행, 정미진
광고팀 한보라, 박혜원
온라인마케팅팀 하미연, 이소중
디자인본부 최부돈, 손지영, 황정민, 김태수, 조혜상, 김희준
경영지원팀 김성자, 김미현, 유진희, 김유미, 정연주
미주사업팀 우재오, Erick R. Zimmerman
외부스태프 구성작가 인현진

주소 서울시 마포구 서교동 395-27호
전화 02-702-1724(기획편집) 02-703-1725(마케팅) 02-704-1724(경영지원)
팩스 02-703-2219
이메일 dasanbooks@hanmail.net
홈페이지 www.dasanbooks.com

필름 출력 스크린그래픽센타
종이 신승지류유통(주)
인쇄·제본 (주)현문

ISBN 978-89-6370-146-2 03320